# 相手に9割しゃべらせる質問術

1対1が苦手なあなたへ

おちまさと
*Ochi Masato*

PHP新書

1対1が苦手なあなたへ

# 相手に9割しゃべらせる質問術

▶▶▶

［目次］

プロローグ

## 「質問力」がなければ生きていけない時代



第1章

［心構え］

## 相手に9割しゃべらせる

## 第2章 [つかみ] 最初の2分で心のカギを開ける

第3章

［リラックス］

## 気持ちよく話してもらう「お風呂理論」

第6章
［構成力］

# 芋づる式に言葉を引き出し「物語」をつくる

第7章

[駆け引き]

## 自白させてしまう「根回し力」

第8章
[未来]
# 質問力を鍛えて「人間力」を上げる



エピローグ
# いますぐできる「質問エクササイズ」

プロローグ

# 「質問力」がなければ生きていけない時代

## 「サシ・コミュニケーション」していますか？

最近、人と話すのが苦手な若い人が増えています。

メールはできても、一対一のサシでのコミュニケーションとなると、とたんに尻込みする。とくに相手が職場の上司や目上の人、自分の住む世界とジャンルの異なる人となれば、何をどう話していいかわからない。

要するに、自分に自信がなくて不安なのです。だから、せっかく上司から「飲みに行くか」と誘われても、「じゃあ、あいつも呼びましょうか」などと、なんとかサシのシチュエーションから逃げようとする。一対二や三以上の関係にしてしまえば、ほかのだれかがしゃべってくれるだろうから、自分は受け身でも安心、安全だからです。

もっと割り切った人だと、上司や先輩の誘いも平気で断ってしまいます。気をつかって飲むより、家の近所の居酒屋で、気心知れたいつもの仲間といつもの当たり障《さわ》りのない会話をしていたほうがラク。ファストファッションがこれだけ受け入れられているのも、こういうタイプの人が増えたことが一因ではないかと思います。都心のちょっと気の張るいい店で、気の張る相手と会うわけじゃないから、ラフな格好で十分なのです。

もちろん、ファストファッションが悪いというわけじゃありません。問題は、ここ一番の勝負服が必要ないくらいの交友関係の薄さ。そして、そのせいで、多くの人がますます会話ベタになっているという現実のほうなのです。

実際、社会生活のなかで一対一のサシ・コミュニケーションができないでは、使い物になりません。ビジネスマンなら、社内での連絡や報告、上司へのプレゼンに始まり、取引先との交渉ごとなど、相手と顔をつきあわせて会話しなければいけない場面ばかりです。コミュニケーション能力は、仕事がデキる人の第一条件と言ってもいいくらい。なのに、その第一条件を満たせない人が多いのが、いまの世の中の特徴なのです。

さて、そんななか、あなたがキラリと光って一歩抜きん出た存在になるためには、どうしたらいいでしょう。言うまでもありません。自分がひと足お先に会話上手になってしまう。これが、いちばんの近道なのです。

ほかの人が居酒屋で友だちとしゃべっているあいだに、はたまた家に閉じこもってゲームやパソコンで遊んでいるあいだに、あなたはどんどん外へ出て行きましょう。尊敬する人、あこがれの人、ずっと会いたかった人とガンガン会って直接会話してみましょう。

「このままの自分じゃダメだ」と思ったら、まずは人と会うしかないのです。そこには、あなたがいままで知らなかった情報、出会えなかったチャンスがいっぱい転がっているはずです。

ここまではわかったけれど、ではいったいどうしたらコミュニケーション上手になれるのか。その答えが、本書のテーマでもある「質問力」なのです。

## あなたがおもしろい話をする必要はない

サシで会話をするというと、あなたはたぶん、こんなことを考えて不安になるんじゃないでしょうか。

会話が続かなかったら、どうしよう……。

おもしろい話ができなかったら、どうしよう……。

わからなくもありません。

自分「えー、あのぉ、最近、お忙しいですか？」
相手「ああ、忙しいね」（以上、終わり）
両者「……」

たしかに会話初心者にとって、この状況は耐えがたい恐怖です。だから、なんとか間をもたそうと、聞かれもしないのに自分の話をペラペラしゃべって、逆に相手をシラけさせてしまう。ありがちな失敗です。

しかし、あなたはちょっと勘違いしているかもしれません。

そもそも、コミュニケーションの基本とは、まず相手を理解することです。そのために大切なのは、あなたがおもしろい話をすることじゃなく、相手におもしろい話をしてもらうことなのです。

つまり、あなたがすべきなのは、相手の話を上手に引き出す質問です。

いい質問ができれば、一問が一〇や一〇〇の答えとなって返ってくるので、たとえあなたが話しベタでも、その場が盛り上がります。また、質問さえできれば、あなたが駆け出しだろうがシロウトだろうが、ビッグな人やその道のプロとも会話ができます。答えるのは、あなたじゃなく相手なのだから。

質問できれば、だれと会っても堂々と一対一で会話ができるのです。

実際ぼくも、質問一つでこれまで多くの方々と直接コミュニケーションをとってきました。

「へえ、この人の成功の裏側には、こんなドラマがあったのか」

「なんか見た目怖そうだけど、この人ってめちゃくちゃ誠実で人情味のある人なんだ」

質問しだいで、その人の意外な一面や知られざる魅力、思わぬ本音まで聞き出せるのですから、こんなにおもしろいことはありません。

質問は、パンドラの箱を開けるカギみたいなもの。そして、箱の中にはたいてい、いろいろな感動や刺激を与えてくれる宝物が詰まっています。

そんなわけで、十数年前から人に質問することを自分の職業の一つにつけくわえてしまいました。たんなるインタビュアーとは違います。芸能人から企業家、政治家まで、さまざまな分野の方々に対談というかたちで質問を投げかけ、その人の素顔を引き出し紹介する仕事。自分で〝対談師〟と名づけ、いまではライフワークともなっています。

これまでに雑誌や書籍の対談で、政治家ですと小沢一郎さん、舛添要一さん、東国原英夫さん、意外なところですと俳優のモーガン・フリーマンさん、ティム・バートン監督、クエンティン・タランティーノ監督といった海外のビッグスターたちにも質問させていただきました。

質問するといっても、結局はこちらが矢継《やつ》ぎ早《ばや》にしゃべりまくらなければならないんじゃないの——そう思われるかもしれません。ところがぼくの場合、気づいてみると二時間の対談でたったの一割、極端なときにはトータル五分も口を開いていない。

初対面で二人きりの会食の場でも、お相手は不思議なことに「いやあ、おちさんの話はおもしろい」と感想をくださる。実際に話しているのは九割方、その方なのに……。

自分はたいした話もしていないのに、こちらが必要な知識、正しい情報、おもしろいエピソードを相手が気持ちよく話してくれる——これほど効率的なことはありません。

この本は、そんな対談師としての経験から得た質問ノウハウを、みなさんにわかりやすくお伝えしていくものです。

不況が続く厳しい時代です。質問術を身につけて、ビジネス社会をサバイバルしていっていただければと思います。

## 正しい情報を得るために「質問力」が試された大震災

さて、ここからはいよいよ具体的な質問術をご紹介していくつもりでした。

ところが、この本の制作過程で、予期せぬことが日本を襲いました。

二〇一一年三月十一日、午後二時四十六分。マグニチュード九・〇という日本の観測史上最大規模の大地震――東日本大震災です。

そのときぼくは、打ち合わせに行くために一人車を走らせていました。大きな揺れを感じたのは、六本木通りから渋谷駅のすぐ近くまで来たときでした。車が大きくバウンドして、これまで体験した地震とはぜんぜん違うことがすぐにわかりました。

「もしかしたら、たいへんなことが起きているのかも……」

漠然《ばくぜん》と思いながらも、約十五分後には、打ち合わせ先の会社に着きました。

会社があるビルに入っていくと、大勢の人があわただしく建物の外へ避難しているところでした。ぼくも社員の方から「危険ですから」と促され、外へ出ると、その日はもう打ち合わせどころではなくなりました。

その後、東北地方を襲った津波の被害、原発事故の経過と現状は、みなさんもご存じのとおりです。

あの日を境に、ぼくたちの価値観はガラリと変わってしまった。

些細《ささい》なことのようですが「質問」に関する考え方もその一つです。

被災地からは、悲痛な質問が飛び込んできました。

「どの方向へ逃げたらいい？」

「私の家はどうなったの？」

「親は？　子どもは？　家族は生きているんだろうか？」

「水と食べ物はどこにある？」

ビジネス社会をサバイバルするどころの話じゃない。それは、いま何を聞けば生き残れるか、まさに命賭けの質問。文字どおりサバイバルのための質問だったのです。

人と話すのなんて面倒だ、コミュニケーションしなくたってべつに困らない。何事もない平和なときは、そう思う人もいるかもしれません。でも、ギリギリの極限状態に置かれたとき、やっぱり人は、だれかとつながらなければ生きていけないのです。そして、つながるための技術の一つが質問なのです。

## 質問は疑問をもつことから始まる

幸運にも、直接被害にあわなかったぼくたちにも、次から次へと質問が浮かんできました。

なぜ地震は起きるのか？
地震により、なぜ原発事故が起きたのか？
原子力とは何だったのか？
放射性物質の汚染は、はたしてどこまで進んでいるのか？
水道の水は、ほんとうに飲んでも大丈夫なのか？

避難生活はいつまで続くのか？

「自主避難」って何なんだ？

あとどのくらいの募金をすれば、被災地の方々が救われるのか？

深夜の節電効果は、どのくらいあるのだろうか？

ＣＭの言葉「ひとつになろう」は、ほんとうに正しいのか？


そもそも質問とは、疑問をもつことから生まれます。

目の前で刻々と起きていることを何も考えずに受け流したり、短絡的に情報を鵜呑《うの》みにするのではなく、いったん疑いをもってみる。「知らないことは、すっ飛ばす」のではなく、ちゃんと知る努力をしてみる。

未曾有《みぞう》の大災害、未曾有の原発事故……。こうした、だれもがこれまで経験したことのない事態に直面したときには、一人ひとりが質問体質になることが大切だと思うのです。そうしないと、ただなんとなく「ヤバイみたいよ」という不安や緊張、恐怖心だけがあおられて、まるで集団催眠にかかったように、デマやガセ情報に操られ、間違った方向へ行ってしまう気がするのです。

震災後、問題になったチェーンメールがまさにその典型でした。

「東京が外出禁止になる……かも」で、被災地以外の人々が買い占めに走り、結果、肝心の被災地に物資が十分に届かなくなってしまった。ヘタをしたら人の命にかかわる負の連鎖でした。

「3・11」以降、自分のQ&Aをもたなければならない時代に突入したのだと思います。これからは、自分で情報を精査し、自分で質問して答えを求めていかなければ、わが身すら守れなくなる気がします。まさに質問力の時代なのです。

## ネットの世界がリアルになった

今回の震災では、そんな質問をぶつける場として活躍したのが、ツイッターやフェイスブックなどのソーシャルメディア。つまりインターネットの世界でした。

被災者の方々の安否を尋ねる声や救助を求める声、どの避難所で炊《た》き出しが行われているかなど、きめ細かな情報が発信され、ツイッターのフォロワーやフェイスブックの

〝友だち〟を通じて、それが拡散されました。必要な情報が速く広くリアルタイムで伝達され、いわば命綱のような役割を果たしたのです。

一方で、テレビは何も教えてくれないことが露呈《ろてい》してしまいました。

CM抜きでニュースを流しつづけたわりには、これでもかと、くりかえし映し出されたのは、津波に襲われ、家や車が押し流される悲惨な映像ばかり。ツイッターでは、いますぐ役立つ情報が駆けめぐっているのに対し、テレビを見ても「いま何をすべきか？」の質問にはいっさい答えが返ってこないのです。

映像の利点を活かして、避難所にいる人々の顔を一人ひとり見せるだけでも安否情報になるはずなのに、それすら行われない。それどころか、地震の翌日には早くも〝感動ドキュメント〟タッチの番組づくりをしていたテレビ局もあり、現状認識のズレを感じずにはいられませんでした。あのとき、全局が視聴率をいっさい忘れて必要な情報を放送していたかといえば、それはたぶん違うんじゃないでしょうか。

かつて「インターネットのコミュニケーションは、しょせんバーチャルでしかない」といった意見がありました。しかし、震災を境に明らかになったのは、ネットの世界こそがじつはリアルで、バーチャルなのは、現実からかけ離れてしまったテレビというメディアではないかということでした。

だからこそ、震災後、ツイッターやフェイスブックのアカウントをとる人が急増したのだと思います。

もちろん、人と直接会ってのフェイス・トゥ・フェイスのコミュニケーションは大切です。しかし、もう一方で、インターネットがリアルなコミュニケーション手段になりつつあることも確かなのです。

この流れはたぶん、もう変えられないでしょう。「ネットなどわからない」と避けていては生き延びられない時代になったのです。

ただしチェーンメール同様、ネット上の質問と答えにはウソやデマも数多くありました。専門家でもないのに、地震や原発について無責任な意見をブログに書きはじめたブロガーもいます。

膨大な情報を取捨選択し、真偽を嗅《か》ぎ分けていく。そんな能力を養うことも、サバイバルのためには必要不可欠となりそうです。

## ソーシャルメディアに学ぶ「ブレないこと」の大切さ

震災で注目されたツイッターやフェイスブックなどソーシャルメディアの特徴の一つは、フラットであることだと思います。

相手や自分が何者であろうとも、質問できて答えが返ってくる。そこには肩書きや年齢、男女差や国籍の壁もありません。ふつうなら面会のアポイントを入れても、そう簡単には会えないような人とでも、なんの垣根もなくコミュニケーションできるのです。

だからこそ、ツイッターでいえば、面と向かっては言えないような中傷や嫌がらせ、脅《おど》しめいたリツイートをしてくる輩《やから》もたまに出てきてしまいます。

ただ不思議なのは、そんな失礼なヤツも、自分が攻撃する相手のツイートが気になってフォロワーとなっていることです。罵詈雑言《ばりぞうごん》をぶつけたいくらい嫌いなら、フォローしなければいいだけのことなのに。

ツイッターの世界にもルールがあります。

フォローしたい人をフォローする。自分へのフォローをやめてほしい人はブロックする。フォローするのもフォローを外れるのも自由で、それがフラットなメディアならではの〝押しつけない〟という一つのルールなのです。

もちろん、「人のツイートに対してもの申すな」というわけではありません。一つのツイートにさまざまな意見や質問がリツイートされ、議論が巻き起こるのもまたツイッターならでは。ルールさえ守れば、あとは縦横無尽に楽しめばいいのです。

こうしたフラットなメディアでは、発信する側もまたフラットな態度であるべきだと考えています。

ここで言うフラットとは、ほんとうのことを言いつづけるということ。周りの意見や状況によって、自分の考えをコロコロ変えないということです。

もちろん、昨日と今日とでは考えることも気持ちも変わることがあります。そんなときは、「こんなことがあって、考えが変わった」と、その途中経過を正直に書けばいいのです。よくないのは、だれかに「その意見はおかしい」と反論されたとき、すぐに同調したり、面倒くさいからと、とりあえず謝ったりすることです。

「おかしい」と指摘されたら、「どんなところが？」と質問して、ほんとうに納得したら「なるほど、そうか」と答えればいい。もちろん「いま迷っています」や「もう少し考えてみたい」もあり。大切なのは、その瞬間、瞬間がすべて本心であることだと思うのです。

言い換えれば、ブレないということでしょうか。

ネットの世界はブレに敏感です。背骨がグニャリと曲がると、そこを突っ込まれたり叩かれたりしてしまうのです。

つねに〝いつもの自分〟でいる。フラットだからこそ、たとえば「この映画がおもしろい」と書いたときには「ああ、この人はほんとうにおもしろいと思ったんだろうな」と、自分の気持ちが相手にストレートに伝わるのだと思います。

## フラットな心から生まれた「大いなる質問」

震災後は、いつも以上にフラットでいることを心がけました。平常心を失うと、物事の本質が見えなくなる気がしたからです。

三月十一日当日の夜は、前から予約していたこともあって、家族で近所の焼き肉店へ食事に行きました。

東京は、公共交通機関が全面的にストップし、帰宅難民であふれていました。飲食店はたいてい閉めてしまったか開いていてもガラガラで、ぼくが行った店も、ぼくたち家族以外ほとんどお客さんがいませんでした。

べつにだれに言われたわけでもありません。でも、そのとき感じたのが〝このたいへんなときに、のんきに焼き肉なんか食べてていいのか〟というような、非難めいた空気でした。

そして、その空気は日を追うごとに濃くなっていきました。

美容院へ髪を切りに行けば、〝このたいへんなときに、オシャレなんか気にしてていいのか〟の空気だし、この四年間、毎日欠かしたことがないトレーニングのためにジムへ行けば、〝ランニングマシンなんかで大事な電気を使っていいのか〟の空気。

この空気をつくりだしたのが、「不謹慎」の概念でした。

たしかに、この時期に控えるべきことはたくさんあったと思います。

たとえば、被災地の方々にいっせいに激励メールが届けられると、携帯電話の電池が減ってしまい、ほんとうに必要な連絡ができなくなります。だから、「激励は嬉しいけれど、もう少しあとにしてほしい」といったリアルな声があがったと聞きます。よかれと思ってやったことが被災地を困らせてしまう。そんなケースは、ほかにもきっとあったでしょう。

しかし、いつもどおりの日常を行うことは、はたして「不謹慎」なのでしょうか。

ぼくが切実に思ったことは、いま健康で仕事ができる環境にある人は、これまで以上に頑張って働いていかなければならないということでした。

大震災に見舞われる前から、ただでさえこの国は不況だったのです。直接被害にあわなかった人たちが働き、そして消費して経済をまわしていかなければ、復興が遅れるだけでなく、「株式会社日本」はほんとうに倒産しかねません。「不謹慎」の矛先《ほこさき》となった飲食店にも美容院にも、スポーツジムにも、そこで働く人たちがいるのです。

「不謹慎とは何か？」

そのとき湧いてきた質問がこれでした。

何が不謹慎で、何が不謹慎ではないのか。その不謹慎のボーダーは、いったいどこにあるんだろう？

震災から三日後の、三月十四日、月曜日。ぼくは、自分のブログにこんなことを書きました。


『不謹慎の地雷』を探り探りしながらの空気感が、この新たな月曜日にはまん延しているような気がした。

もちろん、先週の金曜日の朝のように無条件には動けない。

しかし、我々は動かなければならない。

だけども、動けばそれは『不謹慎の地雷』を踏みかねないと、みんなで様子を見て、先に誰かに毒見をしてもらってから追随する感じもあるかもしれない。

これだけ品格も美徳も美意識も失って来た日本人は、皮肉にも『不謹慎』レーダーだけはとんでもなく敏感にできている。

（「『不謹慎』とは何か。」より一部抜粋）


その後、東京ではお花見が自粛され、夏の恒例イベントである東京湾大華火祭や浅草の三社祭などの中止が早々と発表されました。

「不謹慎の地雷」を踏まないように、次から次へと自粛の連鎖が始まったのです。みんなが平常心を失い、フラットな自分でいることを忘れてしまったように、ぼくには思えました。

ほんとうにこれでいいの？

たとえば、お酒を飲まずに静かに桜の花を見上げ、震災について語り合う花見があったっていいじゃないか。花火には本来「鎮魂」の意味があるのだから、亡くなった人を思い、みんなで見守る花火大会があったっていいじゃないか。

一発だけ上げる花火があってもいい。東北地方の花火師さんに来ていただいて、東北の花火を打ち上げるのだっていい。

「やる」か「やらない」の二択ではなく、二〇一一年版の新しいイベントにプロデュースしなおす方法もあるんじゃないだろうか——。

ぼくは自分の背骨を曲げないように、ブログやツイッターを使って、そんなことを発信しつづけたのです。

## 周りに流される人は質問力が弱い

ブログで「不謹慎とは何か？」と質問をぶつけてから一カ月以上もたったころ、世の中でも、やっと過剰な自粛への疑問や自戒、反論などの意見が出るようになりました。

嬉しかったのは、「最初に声をあげた、おちまささとさんは、ファーストペンギンだ」という記事をご自身のブログに書いてくださった方がいたことでした。

ファーストペンギンは、群れのなかで、最初に海に飛び込んでエサをとる南極のペンギンのことです。水の中には、トドやオットセイのような肉食獣の敵もいます。そこを、先陣を切ってくれるファーストペンギンがいることで、仲間のペンギンたちは安心して水に飛び込むことができるのです。

ファーストペンギンは、たぶんフラットなんだと思います。

「おまえらが行かないなら、オレが行ってやる！」などという英雄精神はべつにない。ただ淡々と生きて、淡々と水に飛び込み、エサをとるだけ。それが日常だからです。

自分の背骨は一貫して変えてはいけないのだと、あらためて思い知らされました。

手前味噌ですが、ぼくがやっているプロデュースという仕事にしても同じです。プロデュースは〝未来〟を仕掛けていく仕事。でも、「この先、何が流行《はや》るか、何が売れるか」と時代を予測し、そればかりに合わせて企画を考えると、たいてい失敗します。時代に合わせようと思った時点で後追いになるからです。追いかけても、追いかけても、時代は永遠に一歩先を行ってしまうものなのですから。

ところが、何がウケるかではなく、何をやりたいかだけを貫いていると、時代のほうが追いかけてくれることがあります。

ファッションの流行が十数年単位でリバイバルするように、時代の流れはバイオリズムのラインのように大きなうねりとなって必ずくりかえします。そのとき、自分がフラットな一本の線だとすれば、流行の流れと交わるときが必ず何回かくるのです。たとえば自分のスタイルを貫いて変えることのない美輪明宏さんの時代が、時を経て何度もやってくるように。

時計にたとえるなら、動くけれど壊れた時計より、止まった時計のほうがずっといい。止まっていれば一日二回は必ず正確な時を示します。でも、一分遅れの壊れた時計は、一度も正しい時間を刻むことはないのですから。

以前、雑誌のインタビューに答えたぼくの記事を読んだ知人から、「おちさんって、いつも同じこと言ってますよね」と言われたことがありました。

一瞬「あれ、そうだった？　恥ずかしい」と思ったのですが、すぐに考えなおしました。「いや、いつも言うことが違っていたら、そっちのほうが恥ずかしいだろう」と。

前に「疑問をもつことが大切だ」と書きました。いつも変わらない自分の背骨がないと、疑問をもつことが難しくなってしまいます。自分の尺度がなくなり、何が起きても「まあ、そんなものか」と大多数の意見に流されがちだからです。

質問力をつけるには、フラットな自分という確かな根っこが必要なのです。

## ノーボーダーになろう

フラットでいることが大切なのは、これから本書でご紹介していく、面と向かったコミュニケーションの場でも同じなのです。

巷《ちまた》にある会話のハウツー本などを読むと、質問上手になるには、「あなたならきっとわかってくれる」と思わせるような〝頼られキャラ〟や、「しょうがねぇな。おまえだから聞かせてやるよ」と言わせてしまう憎めない〝愛されキャラ〟になろう、などと書かれていることがあります。たしかに、もともとそんなキャラクターの人なら、うまく相手の話を聞き出せそうです。

しかし、その場だけ取り繕《つくろ》って本来の自分じゃない別キャラを演じても、そんなものはすぐに見破られてしまいます。「この人、つくってるなあ」と感じたら、とても心を開く気になどなれません。

メディアの世界でいえば、テレビやラジオの本番のときだけ「えー！　いや、もうホント感動しますよ、その話」などと、涙も流さんばかりの大げさなリアクションを見せるのに、ＣＭに入ったとたん、ハァっと伸びなんかして〝こんなもんでしょ〟顔。

そんな人を信用できますか？　腹を割って話そうと思いますか？

ニセモノは、バレるのです。

いつでもどこでも変わらない、フラットな自分でいたいものです。

そして、前に書いたインターネットでのコミュニケーションと同じで、肩書きや年齢などで相手を区別しないノーボーダーでいることが、ぼくが考えるサシ・コミュニケーションの基本です。

さて、とかく熱しやすく冷めやすい日本人のこと。この本を書いている時点でも、震災からわずか三カ月しかたっていないのに、すでにどこか「もうその話はいいよ」的なムードも漂《ただよ》いはじめています。

しかし、いまもまだ復興はなかなか進まず、住む場所や仕事がないままの方々もたくさんいらっしゃいます。原発事故で避難を余儀《よぎ》なくされた方々が自宅に戻れるのは、いったいいつになるのでしょう。

ニュースキャスターの「では、次のニュースです」の言葉なんかで、忘れ去るわけにはいきません。日本には、まだまだ「質問」しなければいけないことがたくさんあるのです。

新しい日本のブランディングのためにも、一対一のコミュニケーションのなかで質問力を鍛え、人間力をつけていっていただきたいと思います。そのヒントとして本書をご活用いただければ嬉しいです。

第1章

# 相手に9割しゃべらせる

［心構え］▶▶▶

たった一つの質問で、どんどん話がふくらんでいく……。
そんな効率のいい質問づくりのコツから心構えまでを教えます。

## 小で大を生む「省エネ」質問術

〝対談師〟をライフワークとするようになって十数年たちます。

「今日は、つい余計なことしゃべっちゃったな」

「こんなことまで話したの、おちさんがはじめてですよ」

対談相手にそう言っていただけるのは、〝対談師〟のぼくにとって最高のほめ言葉です。

そして、相手からそんな発言が出たときは、たいていその対談は大成功。「やった、いい話が聞けた！」とこちらのテンションもグンと上がります。

ところが、そんなときにかぎって気づくのは、「あれっ。いま、ほとんど質問してなかったなあ」ということです。

腕利きジャーナリストばりに、鋭い質問をバンバン投げつけたわけじゃない。

ベテラン刑事のように、丹念に質問をたたみかけたわけでもありません。

一時間か二時間の対談のなかで、ぼくが口にしたのは、せいぜい五つかそこらの質問だけ。それなのに、相手がどんどんノッてきてくれる。プロローグでも述べたように、自分は一割、相手が九割話してくれるのです。

一見すると手抜きのようですが、じつは、これがぼくの考える質問術です。

今回の東日本大震災では、被災地の方々の冷静さや謙虚さ、自己犠牲の精神のすばらしさが海外メディアから称賛されました。

そのとき、ぼくの頭には「武士道」という言葉が浮かんだのですが、この質問術も、どこか武士道につながるところがあるかもしれません。

たとえば合気道という武術は、相手の力に逆らわず、むしろそれを利用することで、こちらはわずかな力で相手を制するものだと聞きます。

つかみかかってきた相手のバランスをヒョイと崩して、小指一本で吹き飛ばす……。あくまでもイメージですので、専門家の方には「そんな簡単なものじゃないよ」と笑われるかもしれませんが。

ともかく、合気道のように、最小限の力で相手をびっくりするくらい遠くへ飛ばしてしまう。そして、「自分がこんなに飛んでしまうなんて不思議！」と相手も驚いてくれるような現象を、会話のなかで起こしたいのです。

## 「一石多鳥」の質問をめざす

理想の質問術を突きつめると、こんなイメージも浮かびます。

一つの質問に答えるうちに、自分で自分の言葉にインスピレーションを得て、「そういえば、あのとき……」とか、「いま思い出したんだけど……」などと、相手の頭の中でどんどん話がふくらんでいく。

水面《みなも》に小石をポンと投げると、波紋がサーッと幾重《いくえ》にも広がっていきますが、ちょうどあんな感じです。

以前、『ハーバード白熱教室』で知られるマイケル・サンデル教授が来日し、東大で特別講義をされた様子をテレビで見たのですが、そのサンデル教授の講義が、まさにぼくが考える理想のスタイルでした。

教授は、まず一つの質問をします。

「イチローの年収は高いと思いますか?」

「あなたの弟が殺人犯だったら、警察に通報しますか？」

など。そのたった一つの質問に対して、学生たちが「私はこう思う」「ぼくはこうだ」「それは違うんじゃないか」……という具合に議論を繰り広げる。

サンデル教授が投げた一つの石が、それはみごとに〝輪っか〟をつくり、みるみる広がっていく様子が見て取れました。

震災のあとも、ハーバード大学では、サンデル教授の緊急特別講義が行われたそうです。

「日本のこの震災から、世界は何を学ぶべきか？」

「日本を助けるために、われわれに何ができるのか？」

教授の質問によって広がった波紋から、きっとさまざまな有益な答えが生まれたのではないでしょうか。

一対一のコミュニケーションでも、このスタイルで質問ができればいいと思います。たった一つの石＝質問で、その人の意外な素顔や、いままで見せなかった魅力、本音まで聞き出せる。この質問術でめざすのは、一石二鳥ではなく「一石多鳥」なのです。

## 相手に合わせたキャラづくりは時間のムダ

そもそも、ぼくがこんな質問術を考えるようになったのは、時間に対する考え方がほかの人とちょっと違うからかもしれません。

ぼくはつねに「時間がもったいない」と考えるタイプ。言うなれば〝時間貧乏性〟なのです。人間はだれもが死に向かって生きています。寿命という制限があるのだから、そのなかで同じ二十四時間を何倍ぶんにも使わなければ、なんだか「間に合わない」気になってしまうのです。

ですから、短い睡眠時間でも健康を保っていられる〝ショートスリーパー〟と呼ばれる人たちがうらやましいし、速読法にも興味津々《しんしん》。いかに効率よく時間を使えるかを日々考えるのも、いまやクセのようになっています。

打ち合わせで二時間動けないようなときには、事前にスタッフに二時間ぶんの作業を指示し、自分がいないあいだも仕事が進むようにしておくのは当たり前。エレベーターがくるまでの七秒間には、七秒ですむ用件を電話で話したりメールを打ったりもしています。

そうやって、どんどんダブルブッキング、トリプルブッキングをして自分の時間を充実させていくのです。

時間貧乏性ですから、人と会ったときも、一時間なら一時間の与えられた時間で、二時間や三時間ぶんもの〝濃い〟話を聞き出したいと思います。だから、自分が話すより相手に九割話してほしいというわけです。

プロローグに書いたように、自分を変えないノーボーダーをめざすのも、相手に合わせていちいちキャラづくりをするような、そんな時間がもったいないと思うからです。

人生短いのに、「相手が部長だから、このしゃべり方」「年下の友だちだから、このしゃべり方」などと、人によって態度を変えている場合じゃない気がします。

自分をエラく見せたくて虚勢《きょせい》を張るのも時間のムダづかいだし、おべっかや社交辞令を言っている時間も「もったいない」と思います。

そんなことに時間を費やすより、相手のいいお話を聞かせていただくことのほうが、ずっと大切なのです。

質問力向上への第一歩は、まず効率を考えることかもしれません。

## 質問とは「プラモデルのパーツ集め」のようなもの

たとえば、○△部長の素顔や人となりを知りたいと思ったとき、部長に直接「○△部長って、どんな人なんですか？」と質問をしても、「私のこと？　私はカクカク、シカジカこういう人間だよ」などと一人語りしてくれることはまずありません。

そもそも、自分が「どんな人」なのかをハッキリ自覚している人など、そうそういるものじゃないのです。

「どんな人なんですか？」は質問ワードというよりも、質問の目的やテーマのようなもの。具体的な質問は、この目的を果たすための手がかりを集めることだと考えましょう。

わかりやすくいえば、質問とは、プラモデルのパーツ集めのようなものなのです。

「好きな食べ物は何ですか？」

「中学生時代の得意科目は何でしたか？」

「兄弟は何人で、何番目？」

「子ども時代の将来の夢は何だったんですか？」

「お休みの日は何をしていますか？」

「いまも記憶に残る、いちばん恥ずかしかったことは何ですか？」

など、○△部長という人間に関するいろいろなパーツを質問によって集めて、それを組み立ててみたら、あるキャラクターの形になったかのような。


もしくは、パズルと言ってもいいかもしれません。質問することでピースを集め、はめ込んで一つの絵柄《えがら》をつくる。

なかには「これ、どうでもよかったな」と思うような、一見すると意味のないピースもあるかもしれません。たとえば「足のサイズは？」のような、「おいおい、そんなこと聞いてどうするんだ？」と言われてしまうような質問。パズルでいえば、色も柄もない、たんなる背景の一部です。

ところが、意味がなさそうなピースでも、それが一枚でも足りなければパズルの絵は完成しないのと同じで、「足のサイズは？」という質問がとても重要だったりします。

もしかしたら、体のわりに足が小さいことが○△部長のむかしからのコンプレックスで、そのコンプレックスこそが部長の性格を決定づける重要な要素……などということがあるかもしれないのです。

「それ、関係ないよね」と思える質問が、意外な話に発展して、その人の別の一面を浮き彫りにする。質問は、だからおもしろいのです。

## バカだと思われるくらいの質問でいい

パーツ集めですから、一つひとつの質問は、全部が全部、相手がギクッとするような的を射た質問や、本質にズバッと斬り込むような鋭い質問じゃなくていいのです。

質問初心者は、たいていここを間違えてしまいます。

「いまの人生観をつくった原点は？」

「あらゆる価値判断の基準とは何か？」

などという、どう考えたってすぐには答えられない質問を矢継ぎ早にしてしまい、結局、まったく話が盛り上がらない。

また、「こいつ、わかってるな」とか「頭がいい」などと思われたいばかりに、いきなり「金融規制のベター・レギュレーションについて部長のご意見は？」などと聞くのも、もちろんＮＧです。新聞記者じゃないのですから。

ときどき、ムリして難しい言葉を使おうとする人もいます。

「今回の昇進、メタ認知的にはどう判断されるんですか？」って……。これ、「ご自分ではどう思ってるんですか？」でいいじゃないですか。

質問初心者が陥りやすい落とし穴は、このように〝自分をちょっと上に見せたい〟心理です。ぼくの経験からいえば、こういう心理があると対談はたいてい失敗します。

なぜなら〝ちょっと上に見せたい〟感じが見え見えの上から目線の人間に対して、ふつう人は「自分のことを話したい」とか「知らないことを教えてあげよう」などという気持ちにはなれないからです。

極端な話、「こんなこと聞いて、バカだと思われないだろうか……」くらいの質問でいいのです。「しょうがねぇな。こいつには一から十まで一つひとつ説明してやるか」と思わせるくらいのほうがトクなのです。

「部長、関係ないですけど、子どものころモテたでしょ？」

「いやあ、オレは田舎だったからなあ……」

「え？　部長って東京の生まれじゃなかったんですか？」

「じつは上京してからな……」

といった展開になればしめたもの。どう思われるかなど気にせず、相手に興味を寄せて「これを聞きたい！」と思ったことを素直に質問すればいいのです。

## 質問づくりの基本は「リスペクトの精神」

なぜ質問をするかといえば、「わからない」からです。

「わからないことは、聞いてみよう」は、ぼくたちが小学生のころから大人に教えられてきた基本的な知的行動です。

わからないのに遠慮して聞かなかったために、お互いボタンのかけ違いをしたまま永遠に理解し合えない……などということもよくあります。だからこそ、「これを聞きたい！」と思ったことを素直に質問すればいいのです。

しかし、わからないことなら何でも聞いていいかといえば、それは違います。たとえば熱愛がウワサされている芸能人に、

「ほんとうにつきあってるんですか？　教えてくださいよ」

これは、週刊誌の記者のよくあるセリフですが、一般社会ではありえないことです。当たり前のことですが、常識あるまっとうな大人なら、「だって、わかんないから聞いてんじゃん」と、親しくもない人にいきなり「○○さんとほんとうにつきあってるの？」などとは決して質問しません。相手に対して失礼だからです。

では、どこからどこまでが失礼で、どこからが失礼じゃないのか。

残念ながら、そんな〝失礼コード〟は世の中には存在しません。

でも安心してください。これさえもっておけば、相手に決して失礼な質問をしなくなるという武器があるのです。

それは、リスペクトの精神です。

自分の心の根っこに、相手に対する尊敬の気持ちをしっかりと置いてさえいれば、いちいち「これは失礼か、そうじゃないか」などと考えなくても、相手を傷つけたり茶化《ちゃか》

したりする言葉は自然と出てこなくなるもの。これはとても大切なことです。

また、尊敬の気持ちと合わせてもう一つ大切なのが、相手を理解しようとする態度です。

あなたが尊敬する相手は、あなたの想像をはるかに超えた深い人生観や経験、知恵の持ち主です。「わかんないから、聞いてんじゃん」的な軽い態度では、そこに近づくことすらできません。いくら聞いてもわからないかもしれない、でも、なんとか理解しようとするから質問が生まれるんだとぼくは思います。

たとえば、イチロー選手はなぜあんなにヒットが打てるのか？

わからないです。でも、理解したいと思います。だから、多くのジャーナリストが、イチロー選手に質問を投げかけるんじゃないでしょうか。

〝対談師〟としてのぼくの心の掛け軸には、こう書いてあります。

《尊敬と理解》

ここからはみ出すことは質問しません。

## 心理テストをつくるつもりで質問を考える

さて、質問で一つひとつのパーツを集めてパズルが完成すると、そこに意外な顔が表れることがあります。これには質問された側も驚きです。

「えっ!? 私って、ほんとうはそういう人だったの？」

思うに質問は、精神分析とか性格診断のような側面もあるのですね。

よく雑誌などで、「順番に質問に答えていくと、最後に深層心理からくるあなたのタイプがわかります」などというチャート式の心理テストを見かけます。あれに似ているかもしれません。

「私って〝エネルギッシュな冒険型〟かと思っていたら、じつは〝ホスピタリティあふれる交渉型〟だったんだ」のような。

ですから、事前に質問を考えるときは、こうした心理テストをつくるつもりになるといいかもしれません。また、最後の〝○○型〟から逆算すれば、そこにたどり着くためにどんな質問が必要か想定できるのではないでしょうか。

## 過去の情報の集めすぎに注意！

「対談する前に、相手について下調べはするんですか？」とよく聞かれます。ぼくの場合、あまりしないほうかもしれません。

そもそも「えっ、その人だれ？」と自分が知らないような相手と対談することは、ほとんどありません。以前からリスペクトしていて、会ってみたいと思っていた相手とお目にかかることが多いのです。だから、あわててその人について資料を集める必要がないともいえます。

もちろん、相手が初対面の方の場合、プロフィール程度の最低限の基本情報は頭に入れておきます。でも、過去の新聞や雑誌のインタビュー記事を集めたり、ネットで検索したりして徹底的に調べまくる、というところまではやりません。あえてやらないと言ってもいいでしょう。

ヘンに予備知識があると、先入観や思い込みが生まれてしまうからです。

たとえば、「この話、よそで何回もしてるみたいだから、もういいか、聞かなくて」

と思った話が、じつはまだだれも聞き出していないネタの宝庫だったりすることがあります。一〇〇回同じ話をしてきたけれど、一〇一回目に質問した人には、いままで口にしなかった本音や隠していた事実を漏らす可能性だってあります。

過去の情報がすべて真実とはかぎらないのです。せっかく直接会って話せるチャンスを頂いたのに、知っているつもりになるのは、もったいない話です。

「気難しくてほとんどしゃべらないよ」と風評のある人が、実際会ってみたらサービス精神旺盛でよくしゃべる人だった、などという場合もよくあります。情報の集めすぎ、頼りすぎには注意したいものです。

かといって、ベンチャーで成功している若手経営者に面会を申し込んでおいて、「ところで、社長の会社って何やってるんですか？」では、お話にならないことは言うまでもありません。

## 初心者が陥りがちな「想定問答集」のワナ

「で、そのとき、あなたはこんなことを言ったそうじゃないですか？」

「あなたはこう思って、だからあんな行動をしたんですよね。そうでしょ?」

これでは、答えようにも答えられません。質問者のほうが先に答えてしまっているのですから……。

下調べのしすぎには、そんな弊害《へいがい》もあります。

これが、その先の話を聞き出すためのたんなるフリならいいのです。でも、こんな調子でずっとしゃべりっぱなしでは、相手はシラける一方です。

内心、「どうせ、おまえがしゃべるんだろ」「知ってるなら聞くなよ」。

最後には「はあ」とか「まあ、そうですね」くらいしか言わなくなってしまうのではないでしょうか。

また質問初心者のうちは、「こう聞いたら、ああ答える。そうしたらオレはこう言って……」のような想定問答集をつくりがちです。

しかし、事前に決め込みすぎると、相手がちょっと予想と違うことを言っただけで大パニック。その後は、何を言ったらいいかわからなくなって急に押し黙る……などということもあります。まるで中学生の初デートのようですね。

何度も書くように、わからないからするのが質問です。

こちらの予測をぶっちぎる答え、その人のイメージを一八〇度変えてしまうような答え。そんな答えが返ってくるからこそ質問はおもしろい。

そう、ジェットコースターのようなものなのです。

次は右に曲がるかと思ったら「左だった！」、これでひと安心と思ったらいきなり急降下で、先が見えないハラハラ、ドキドキの連続。

答えてもらえなかったら、どうしよう……。

相手を怒らせたら、どうしよう……。

前日はたぶん、不安と緊張でいっぱいでしょう。そんなときには、「よし明日はジェットコースターでめいっぱい遊んでくるぞ」くらいの気構えで、不安を楽しみに変えていくといいと思います。

## 相手との〝ご縁〟を事前調査しておく

「いや、自分は小心者なので、下調べなしのぶっつけ本番じゃちょっと……」

と、やっぱり不安なあなたにおすすめなのは、情報のなかから会話の〝お助けネタ〟だけをピックアップしておくことです。

お助けネタとは、質問ではなく、その場の雰囲気をやわらげるための、いわゆる潤滑《じゅんかつ》油《ゆ》のようなもの。たとえば「いやぁ、部長。じつはぼくも出身が静岡県なんです」のような〝偶然系〟のエピソード。要するに相手との共通点のことです。

「そうか。静岡のどこ？」

「はい。下田です」

「おお、そりゃ偶然だね。私は伊東だから同じ伊豆半島だ。そうそう、伊豆といえば……」

という具合に、話が盛り上がるというわけです。

けれども出身地ネタは、ほんとうにかなり近い距離だった場合にのみ有効だと思ったほうがいいかもしれません。

「静岡のどこ？」と聞かれて「はい浜松です」では、西と東に離れすぎていて、あまり同郷の実感が湧かないからです。まあ、多少は親近感を抱いてもらえるでしょうが、その後の話が広がりにくい気がします。「ああ、浜松ね……」と言ったきり絶句したりして、かえって気まずい雰囲気にでもなったら台なしです。

出身が同じ、恩師が同じ、趣味が同じ、愛読書が同じ、共通の友人がいる……など、五つほどのネタを見つけておくといいでしょう。実際、会話のなかで使うかどうかは別としても、共通点があるという偶然に、何かその人との〝ご縁〟を感じて少し気がラクになるはずです。

## 人間はあなたが思うよりずっと深いもの

「あの上司と飲みに行っても、どうせ自慢話を聞かされるだけ」
「ああ言や、こう言うんだろう。話してもムダ」
など、あなたは人に対してタカをくくってはいませんか？

人間はあなたが思うよりずっと深いものです。どんな人のなかにも、聞いてみなければわからない学びのタネが詰まっています。

芸能界でいえば、たとえば十代の売れっ子アイドルなどは「かわいいだけがとりえで、どうせ『ヨロシクお願いします』しか言わないんだろ」などと思われがちです。けれども、とんでもない。年齢は関係なく、競争の激しい世界でトップに躍《おど》り出るような人には、やはり相応のすごみや魅力があるものなのです。

会社の上司も同じです。組織のなかで上のポジションに這《は》い上がってきた人には、ちゃんと〝そうなる〟理由があるのです。

秘めたる能力があるのかもしれない。人がうかがい知れない苦悩を乗り越えた経験があるのかもしれない……。くれぐれもバカにしてはいけません。ふつうのオジサンなど、どこにもいないのです。

映画評論家の淀川長治さんは、生前、テレビの映画番組で解説をやっていらっしゃいました。毎回冒頭で、その日放映する映画の見どころを教えてくれるのですが、そのコメントがあまりにもすばらしく、どんな作品も見るのが楽しみでワクワクさせられたものです。

ときには「ええーっ、これのどこをほめるの？」と思うような駄作も登場しました。でも、淀川さんが解説すると、「なるほどね、こういう見方をすればおもしろくなるんだ」と目からウロコでした。

何かのインタビューで読んだのですが、淀川さんは、たとえ駄作と言われる映画でも、いいところが発見できるまで何度もくりかえし見たのだそうです。ストーリーがダメなら俳優の演技、カメラワーク、美術、衣装など。そして、どんな作品にも必ず一つはほめるところを発見できるとおっしゃっていました。

人についても同じじゃないでしょうか。

「上司がつまらない」のではなく、上司のいいところを発見できないのは、自分の熱意が足りないからなのです。

あなたが「どうせこの程度」と思っていれば、「その程度」の話しか聞き出すことはできません。まず、自分のマインドを変えましょう。自分の質問によって、相手もまた変えてやる！　くらいの気迫をもって質問に臨みたいものです。

第2章

# 最初の2分で心のカギを開ける

▶▶▶［つかみ］

ファッション、名刺交換、軽い雑談、テーマ設定……。
最初に相手と打ち解けられれば、自然と話は進みはじめる。

## ファッション＝精神的武装

当日、何を着ていくか。

これは対談が成功するか否かにかかわる、かなり重要なポイントです。

たとえば、あなたはパーティなどで着飾った女性の隣に立つと、たとえ彼女が仲良しの友人でも、なんだか緊張しませんか？

その女性が美しいからドキドキするというのとは、ちょっと違います。いつもとくらべて、ドレスもアクセサリーも明らかにワンランク上。服装から醸《かも》し出されるオーラに圧倒されるというのでしょうか。「よう、元気？」と、気軽に肩を叩いたりなんかしてはいけない雰囲気。

つまり、ファッションが人に与える精神的インパクトは大きいのです。あなたが何を着ているかで、相手の対応もおのずと違ってきます。

もちろん、マナーにかなった失礼のない服装でかまいません。ただ、それにプラスして、何か少しでもそこに自分らしい主張を取り入れてみてください。

ぼくは「ファッション＝精神的武装」だと考えています。

自分のファッションに自信があれば気持ちに余裕も出るし、一歩前へ踏み込む勇気も出ます。お気に入りの服装で、まずは自分のヤル気のスイッチを入れましょう。

服装にかぎらず、バッグや靴、万年筆、メガネ、時計といった小道具でテンションを上げるという手もあります。一点豪華主義で「ここ一番には、これ」というアイテムをそろえておくといいでしょう。

気合いが入ったら、いざ相手との待ち合わせ場所へと乗り込もうではないですか。

## 名刺には使える情報ネタがいっぱい

初対面の相手なら、対話は名刺交換から始まります。

「はじめまして、○○と申します」とまずは型どおりの挨拶《あいさつ》です。しかし、まだ本番前と気を抜いてはいけません。プラモデルのパーツ集めはすでに始まっているのです。頂いた名刺一枚から、質問のネタを探しましょう。

「お住まいは○○ですか。私も以前あのあたりに住んでいたんです。公園の近くですか？」

「めずらしいお名前ですね。ご出身地と何か関係があるんですか？」

「華やかなお名前ですが、ご本名ですか？」

「有名なヴァイオリニストの○○さんとは、ご親戚か何かで？」

など、名前や住所には質問の手がかりが満載です。相手が企業に所属する人の場合、社名の由来を聞いてみると、そこからさまざまな情報が得られることもあります。

「『Dプロジェクト』のDとは何なんですか？」

「社長の名前がダイゴロウなんです。その頭文字を取ったと聞いています」

とくれば、「なるほど。たぶん、この会社は社長色の強いトップダウン経営だな」などということが読み取れるわけです。

ほかにも全体のデザイン、ロゴマーク、文字の色など、一枚の名刺には使える質問ネタがゴロゴロしています。

ぼくなど逆に使っていただこうと、あえて名刺の素材にネタを仕込んでいるくらい。ふだん使っている名刺をプラスチック製にしているのです。おかげで、

「あれ、これ紙じゃない。プラスチックですか?」

「そうなんですよ。しかも、そのままだと透けちゃうからと職人さんが教えてくれて、炭酸カルシウムが入ってるんですよ」

「へえ、そうなんですか!」

「まあヘンな話、それ一枚で缶コーヒー一本ぶんの値段するんですけどね」

などという会話を楽しんでいます。大切なのは、パーツ集めをしつつ、この段階ですでになごみの空気をつくってしまうことなのです。

## さりげない雑談で相手の情報収集

そんなこんなで名刺交換を終えたら、しばらく雑談でウォーミングアップです。

「今日はいいお天気で気持ちいいですね。桜がみごとでした」などの季節ネタでもいいのですが、もうひと工夫ほしいところです。「みごとなエントランスですね。だれがデザインしたんですか?」など道すがら目にしたものをさっそく話題に。あるいは「○○事件、ついに犯人が捕まりましたね」などの暗めな時事ネタでも、だれもが知っているような話題性が大きいものならむしろＯＫです。

さて、なごやかに語り合いながらも、目は一時たりとも情報収集を休んではいけません。壁に飾られた絵画、置物、時計、ソファやテーブル、絨毯《じゅうたん》など部屋の様子をさりげなく観察しましょう。

「部屋の隅にあるオブジェ、何なんですか？」「この椅子、どこのメーカーですか？」と直接、話題に乗せてもいいでしょう。

また、あとで本題に入ったときに「なるほど、だからここにもモンゴルの風景画がかかっているんですね」などと、それまでに見たものがどこかでカチッとつながる可能性もあるからです。そのつながりがネタとなって、さらに会話を広げてくれるのです。

相手がどんな人物なのかも、この段階で観察しておきましょう。

心理学の行動分析ではないので、「このしぐさは何を意味するのか？」などと細かく気にする必要はありません。それでも、大ざっぱに「こんな人かも」と予測を立てておくと、あとの質問がしやすくなるからです。

まずはこんな小さな質問で、相手の心のドアを軽くノックしてみましょう。

▽「社長すごいですね。昨日も経済新聞でお名前を拝見しました」とほめてみる。
↓「ああ、まあね」程度のノリだった場合は、お世辞やおだては通用しないタイプ。
「このあいだも雑誌の取材で……」と話がふくらむようなら、どんどんほめて大丈夫。

▽「この時計、高そうですね」とふってみる。
↓「そうでもないよ。一〇万くらいじゃないの」などと具体的な数字を言ってくれるようなら、お金の話を聞いてもイヤがらない人なのかも。

▽出身地（らしき）風景写真、出身校（らしき）卒業アルバム、家族（らしき）人物写真……などがあったら、とりあえずツッコんでみる。
↓「これはご出身地の○○山ですか？」「もしかして○△大学ですか？」「これ、お嬢さんですか？」など。「そうなんですよ」ときたら、過去の思い出話やプライベートなお話も喜んで語ってくれそう。

心のドアをコンコンと叩いてみて返事がないようなら、その話題はタブーかもしれません。こうしてさりげなく人物像をチェックしておくことで、あとで余計な質問をして怒らせてしまうなどの失敗を未然に防ぐことができるのです。言ってみれば、これは質問における〝防災活動〟の一環でもあるのです。

一見すると豪快な感じの人が、テーブルに落ちたグラスの水滴をちょこちょこ拭《ふ》くなど神経質な面があったり、すごい肩書きをもった人なのに、自分でエアコンの温度調節に立ってくれる気配りの人だったりと、この段階ですでに意外な一面を発見することもあるでしょう。

経験的にいえば、高い地位にいる人ほど、周りにふだん、そういう人がいないためか、いわゆる〝ツッコミ〟を入れられると喜ぶタイプが多いです。

けれども、なかには「ほめられるのもイヤ」と感じる人がいます。要するに、自分が〝いじられる〟のをとにかく嫌うタイプです。およそ一〇人に一人くらい、こういう方がいらっしゃいます。

質問者の立場からすると、ツッコミを入れられるのが好きな人だとわかれば、その後の展開がすごくラクにつくれますし、そうでないと気づくだけでも、地雷を未然に防ぐことができるのです。

## 質問のルールを宣言して主導権を握る

いよいよ本題に入る前には、簡単に今日のテーマについて説明します。

「社長の人脈のつくり方についてぜひ学びたいと思い、お時間をつくっていただきました。よろしくお願いします」など。

テーマをきちんと伝えておかないと、そのまま雑談で終わってしまったり、話が関係ない方向へ脱線しっぱなしになることもあるからです。

さらにこだわって、ルールを決めるという方法もあります。

以前、『小沢一郎総理（仮）への50の質問』という本とＤＶＤをつくったとき、ぼくは事前に小沢さんに二つのルールをお話ししました。

一つ目は、「いまからぼくが一から五〇の質問を小沢さんに聞いていきます」ということ。

そして二つ目が、「タイムマシンに乗って一年後の〝今日〟に行って対談します」。つまり、いまが一年後という設定で会話を進めるということです。

未来のことを現在進行形として質問することで、小沢さんのまだ語られることのない胸の内を聞いてみたかったからです。

ルールはテーマを掘り下げるための手段のようなもの。テレビでいえば企画と言ってもいいかもしれません。企画といっても、そう難しいものではありません。

たとえば、会社の先輩に誘われて飲みに行くとします。せっかくのチャンスだから、先輩の人となりをもっと掘り下げて知りたいと思います。

そんなとき、最初の乾杯のあとに、「先輩、今日はぼくにいろいろ聞かせてくださいよ。人生勉強したいんで」と宣言するのも、大きくいえば〝この飲み会の企画〟です。「質問者は自分、先輩は答える人」という一つのルールを決めたということなのですから。

ルールを決めれば、主導権を握るのはあなたです。

「まあ、まあ。固いこと言わず、今日は飲もうぜ」と酔っぱらいモードになだれ込みそうになっても、「ダメですよ。今日はちゃんと質問に答えてもらいますから」などと自分が仕切ることができる。

ルールにＯＫさえもらえば、あとはもう質問し放題なのです。

## 〝第ゼロ印象〟は悪いほうがトク

会う前は怖そうなイメージだった人が、実際に会ってみたら、なんかいい人！

よくありますね、こんなこと。

これは実際に相手と会う前の〝第ゼロ印象〟と、会ったときの第一印象の振り幅がなせるわざ。実際はふつうか「ちょっと感じのいい人」程度なのに、第ゼロ印象があまりに悪かったがために、初対面での評価が一気に上がる。

つまり、風評が、被害ではなくその人のプラスに働くということ。じつは第ゼロ印象をマイナスイメージにしておくのが、第一印象をよくするコツなのです。

ですから、女性が合コンに友だちを連れてくるというとき、よく「〇〇子ってすごくかわいいから」とプラスイメージをふりまきますが、あれはちょっとソンなのです。お友だちは実際かわいいのに、周りの男子が勝手に超美女を妄想《もうそう》してしまうので、振り幅がちっとも縮まらないからです。

ぼくの場合、テレビや雑誌のインタビューに載ったときの印象をあえて悪く見せているので、「思ったほど怖くない」とか「案外いい人」などと言われてしまいます。何かちょっとトクした気分です。

第ゼロ印象を意図的に落とす手として、たとえばブログやツイッターで、わざとそっけない書き込みをする方法も考えられます。なんとなく冷たそうな人という印象を与えておけば、実際に会ったときに「思ってたより、ぜんぜん優しい人」とプラスの評価に変わることもあります。ただし、ムリして悪いキャラを演じるのはやめましょう。あくまでも自然に、です。

というわけで、第ゼロ印象で「人見知りなだけなのに、偏屈《へんくつ》だと思われている」とか、「仕事がＩＴ関係なので、生活も派手と思われている」などは、気にしなくても大丈夫。「よしよし、これで会ったときの好感度が急上昇」とポジティブに受け取りましょう。

## 「あがり症」だった自分の克服法

「さあ、質問するぞ！」と意気込んでみたのはいいけれど、相手を目の前にしたら緊張のあまり頭が真っ白。心臓バクバクで声もうわずり、質問どころじゃなくなった……。

わかります。とくに相手が初対面の人や尊敬する人、あこがれの人だったりすれば、だれだって緊張するのは当たり前です。

かく言うぼくは、かなりのあがり症でした。

テレビやラジオに出演すると、台本をもった手が震えてしまう。あんまり震えるので、生放送だというのにペーパーノイズを発生させてしまうほどでした。これにはほとほと困り果てました。

なぜだろうと考えてみてわかったのは、ぼくは、その放送の一時間なら一時間だけ、自分の力を一二〇パーセント出そうとしていたことでした。たいした力もないくせに、要するに、いいカッコして「おちさん、すごい。天才だ！」などと言われたかったのですね。だから、その過剰な自意識が空回りしてあがってしまう。

「どうせたいしたことないんだから、もういいや、八〇パーセントくらいの自分で」そう思ったとたん、気がラクになりました。

次の回からは手も震えないし、突然しゃべりもスムーズになって、スタッフにも「どうしたんですか、おちさん。急にうまくなってませんか?」と言われるほどでした。

緊張するのは、自分以上の自分を見せようとするからです。それをやめれば余裕が生まれるし、あがったりしない。要は考え方一つ。八〇パーセントでいいのです。

いったんその考えが定着すれば、あとはどんな場面でも、むやみに緊張することがなくなります。たとえば講演会などでも、相手が一〇人だろうと一〇〇人だろうと、そういうこともあまり関係なくなるのです。

ただ、ぼくの場合、ここにいたるまでにさまざまな緊張の場面を経験し、トレーニングを積んできたという下地もありました。

二十歳のとき『天才・たけしの元気が出るテレビ!!』の放送作家オーディションに応募、合格して、この業界へ入ったのは二十一歳です。

とにかくまだ若くて何もない。なのに、「おまえ、これを〇△さんの楽屋へ行って説明してこい」……ってムリですよね。楽屋のドアの前で「うわっ、どうしよう……」などということを何度も体験してきたのです。

だから、いますぐ克服できなくたって気にしない。一度や二度あがっても、あきらめないでチャレンジしていってください。

## 「緊張しています」と素直に言ってしまう

前の話と関連しますが、あがるとそれを隠そうとして、ついエラそうな態度をとってしまう。それがいちばんよくありません。

まばゆいばかりに高級なお店に案内されて内心ビビリまくりのとき、あなたは「へえ、案外いい店知ってるんですね」のような、「ナニ様?」的な発言をしていませんか?

足を組んでふんぞり返り、「なるほどね〜」などと言っていませんか?

そんなふうに自分を取り繕っても、相手に不快な思いをさせてしまうだけ。

「こんなイヤなヤツに自分の話をしてやるもんか」とガードを固くされてしまえば、その場のとげとげしい雰囲気にますます緊張、という悪循環に陥ってしまいます。

最初から余裕しゃくしゃくの人間などどこにもいないし、いたら逆に信用できません。

「ふつう」でいいのです。

「ふつう」とは、自分のテンションの針が「緊張」にも「リラックスしすぎ」にも振れていないこと。まさに本書でご紹介する質問術の基本コンセプトでもある、フラットな状態のことを指します。

しかし、「ふつうになれ」と言っても、それができないからこそあがっているわけです。ならば、ここは「ふつうになれない自分」を受け入れてしまうしかありません。

大事な場で緊張してしまう。それがあなたなのです。

まず最初に「緊張しているので、失礼なことを言ってしまうかもしれませんが」と、ひと言告げてみてください。そのほうがラクになれるし、相手からも温かい気持ちで受け入れてもらえるものです。

以前、ぼくも大学での講義を頼まれたとき、黒板に書く字が震えたことがありました。でも、「ヤバッ、手が震えてるよ」と素直に口にしたとたん、空気が一変。会場全体が一気に味方についてくれた気がしたものです。

## 一〇〇パーセント「YES」の質問で主導権を奪回する

どんな話題をふっても「いや、そうじゃなくて」とか、「そりゃ違うでしょ」「でもなあ」などと否定から入る人がいます。否定しないまでも「そんなこと興味ないな」「あんなものに金をかけて何がおもしろいんだ」と、関心を寄せてもくれない。

あまのじゃくな性格というのでしょうか。それとも、たんなるクセでしょうか。

とにかく、相手がそんな人だと、いつまでたっても次の会話への糸口がつかめません。焦って矢継ぎ早にさまざまな質問をさせられるハメになり、それでも「NO」ばかりだと、さらに窮地《きゅうち》に追いつめられ、ギクシャクしたまま時間切れなどということにもなりかねません。

そんなときは、とにかく一〇〇パーセントどんな人でも、確実に「YES」と言わざるをえない質問をぶつけてみるのがおすすめです。

いまなら、「福島第一原発の現場作業員の方には頭が下がりますね」でしょうか。

相当に辛辣《しんらつ》な人以外は、「ほんとうですね」「そのとおりですよ」と肯定するはずです。

一度「YES」を言わせてしまえば、こちらが主導権を握ることができます。

相手に翻弄《ほんろう》されっぱなしで、ドツボに引きずり込まれそうだった会話の流れを引き戻すことができるのです。

なかには、どれほど晴天の日に「今日はいいお天気ですね」と言っても、「いや、暑くてかなわん」などとマイナスポイントを探してくる〝否定の王様〟もいるでしょう。

そんな場合は、最初から相手にコミュニケーションする意思がないとみなして、早々に話を切り上げる勇気も必要かもしれません。

第3章

# 気持ちよく話してもらう「お風呂理論」

▶▶▶ [リラックス]

相手の本音や核心に迫る質問をするには、どうしたらいい？
しつこく聞かなくても向こうから語ってくれるテクニック。

## 人はどんなときに本音を漏らしてしまうのか

ぼくは、結果オーライ主義。最初からガンガンおもしろい話を聞き出そうなどとは、これっぽっちも思っていません。最後の最後に、「来たーっ！」「これだ！」があればいい。

その意味では、一時間のうち四十五分間、ずっと雑談だってかまわないと思っています。

ただし、その四十五分は結果を出すための四十五分です。最後の最後に、核心に迫る話、これまでだれにも言わなかった本音が聞ける工夫がなければなりません。

では、みなさん。ここで質問させてください。

人はどんなときに本音を漏らすと思いますか？

究極は、たとえば冬山で遭難したときでしょうか。吹雪に埋もれたテントで二人きり。食料も尽きた、助けも来ない。あとはもう死を待つばかり。

「じつはオレ……」

そうです。さすがにこんな状況では、墓場までもっていこうとしていた秘密まで漏らしても不思議はありません。

しかし、日常生活のなかで、このような危機的状況を再現するのは不可能です。まさか拷問《ごうもん》というわけにもいきません。なんとか冬山遭難に匹敵する「本音を言いたくなる」シチュエーションをつくりだせないものでしょうか。

そこで、考えました。『北風と太陽』のお話でいえば、冬山遭難は北風方式です。ぼくは、太陽方式でいこうじゃないかと。つまり、試練を与えるのではなく、ほかほかと温かくして心をハダカにしてしまう……。

それはまさに、お風呂以外ありません。

「ハァ、気持ちいい」「極楽、極楽」

たまった疲れがとれて、心も体もやわらかくリラックス状態。心をハダカにどころか、ほんとうに素っ裸なのですから無防備です。こんなときこそ肩の力も抜けて、人はいろいろなことを話したくなるのではないでしょうか。

つまり、質問によって、温かいお風呂に浸《つ》かったような状況をつくりだせばいいということなのです。とにかく相手を気持ちよくさせる。最初はこれが肝心なのです。

## 第一問目は「自分のこと好きですか?」

相手が湯船に浸かってくれたら、あなたの役目は、薪《まき》をくべながら「湯加減、いかがですか?」とお世話することです。

最初は相手の好みの加減がわかりません。相手がどんな人で、どんな話をしてくれるのか、いわば手探りの状態です。これからじんわりホンワカしていただくためには、ここはまだ核心に迫るときではありません。最初はぬるま湯でいいのです。

それに、はじめからたとえズシンと心に響く話が聞けたとしても、それを処理して次の質問につなげていく余裕はまだありません。

そこで、「こんなふうに答えるだろうな」とほぼ予測できる質問をしておいて、とりあえず自分の精神的アドバンテージを確保する必要があります。

ぼくが公の対談でよく使う第一問目は「自分のこと好きですか?」。

これまでの経験では、ほとんどの人の答えは「YES」でした。

対談師として仕事でお目にかかる人の大半が、芸能人や政治家、クリエイター、社長などです。表舞台で何かしら表現するのが仕事の人たちが「自分が嫌い」では務まりません。だから、世の中すべての人に当てはまるとはいえませんが、かなりの確率で答えが読める質問なのです。

「好きです」と答えたあとは、「その理由は?」と次につながります。

あのときこんなことを言えた自分が誇らしい、あんなことした自分はけっこうエライと思う……など、話しているうちに、相手はだんだんいい気持ちになります。それはそう。ふだんはあまり、自分の長所を語れる機会などないのですから。

ビジネスマンなら、「めちゃめちゃ忙しいですよね?」もいいのではないでしょうか。

あなたが話したいほどの人ですから、ヒマな人はいないでしょう。たいていの人は「そんなことないよ、あの仕事も一段落しているし」などと、一度は謙遜《けんそん》するでしょうが、それはそれ。

「またまた、何をおっしゃいますか。それだけじゃないでしょう」と聞くと、「いやあ、じつはいま、こんなプロジェクトを考えていて……」などと続き、これも相手が気持ちよくしゃべれて、次につながる第一問となります。

ちゃんと心地よい湯船に入れてあげることができるのです。

## 四つの〝恋バナ〟は欠かせない

相手の心をほぐしやすい質問の一つに、「初恋の相手はどんな人だったんですか？」があります。

だれでも恋の話は、なんとなく語ってみたいものです。しかも初恋、初キス、初デート、それに失恋の四つの恋愛ネタは、いずれもすでに終わった過去のことだから、いくらでも話せてしまう。

最近、テレビのトーク番組などでは、出演者に事前にアンケートをとることが多いのですが、そんなアンケート項目のなかにも必ずと言っていいほど入っているのが、この四つ。ぼくがお目にかかったなかでも、この話題となると細かいシチュエーションまで話してくれる人がかなりいました。

とくに初恋話はだれの胸にも甘酸っぱい思い出。一見コワモテの人や、ＳＰに囲まれるような肩書きの人でも、心が少年少女に戻ってしまうのです。

おもしろいのは、ぬるま湯に見えて、意外とその人の本質をあらわにしてしまうのがこの質問だということです。

たとえば、つねに大きな夢を追う野心家は、恋の相手はたいてい〝高嶺《たかね》の花〟。初恋の相手も、やっぱり「学校一の美少女でした」などとおっしゃるので納得です。「三つ子の魂百まで」ではありませんが、抗《あらが》えず、何かに惹《ひ》かれる思いは永遠なんですね。そんなところに人間の原点があるような気がします。

## 仕事のエピソードはだれもが語りたい

「いまの仕事をやっていてよかったと思った瞬間、やらなきゃよかったと思った瞬間を教えてください」

もし逆の立場であなたがこの質問をされたとしたら、しゃべりたいことがたくさんあるのではないですか。

仕事は、社会人にとって人生の大部分の時間を費やすものです。どんな人でも、「あんなこともあった、こんなこともあった」と、喜びや、やりがい、汗と涙の苦労話や失敗談など、エピソードは盛りだくさんのはず。

一人ひとりのなかに、NHKの名番組『プロジェクトX』のようなドキュメンタリーがあるものなのです。

だから、語れば語るほど熱くなる。

ぼくの経験でも、このたった一問を投げかけただけで、あとは相手が一人でずっとしゃべってくれたことが何度かあります。まさに水面に投げた石のごとし。一つの石で、勝手に波紋が幾重にも広がっていくのです。

## 「嫌いなもの」で相手の自己評価がわかる

「好きなもの、嫌いなものは何ですか?」

ときどき、そんな質問をします。じつはこれ、たんなる質問ではなく、仕事で知り合った心理学者が教えてくれた心理テストでもあるのです。

注目すべきは、「嫌いなものは?」に対する答えとその理由です。心理学的には、「嫌い」には、その人自身の自己評価が投影されているのだそうです。

たとえばぼくなら、嫌いなものの第一位はゴキブリで、嫌いな理由は「見た目が気持ち悪い、ちょこまかといろいろなところに神出鬼没、突然現れて、なかなか捕まえられない」です。

その理由こそが、ぼく自身が思っている自分……。あまりいい気分じゃないですが、当たっているかもしれません。

そんなわけで、嫌いなものを聞いてみると意外な情報がわかることがあります。「ニンジンが嫌い」「カラスが嫌い」など、いろいろな「嫌い」があるでしょう。

相手を分析する材料にするだけではなく、「じつはこれは心理テストで……」とネタばらしし、そこを糸口に話を広げる手もあります。

## 質問には〝そのココロ〟をセットにする

ありがちな失敗なのが、話の脈絡に関係なく、いきなり、たとえば「社長はどんな子どもだったんですか?」などと質問してしまうことです。

「どんなって、べつにふつうだけど……」

相手にしてみれば、唐突すぎて、いったい子ども時代のどんな面について話せばいいのかわからない。素っ気ない答えになってしまっても仕方ありません。

もし、その質問の前に、「ビル・ゲイツは子ども時代、百科事典を最初から最後のページまで全部読んでいたらしいじゃないですか」のような話題が出ていたとすれば、「では社長は?」ときても問題ありません。「なるほど、子ども時代に、いまの職業に通じる才能の片鱗《へんりん》があったかどうかを聞きたいのだな」と、質問者の意図がわかるからです。

このように、質問初心者のうちは、なかなか対話の流れをうまくつくれません。自分の頭の中ではできているつもりでも、それが相手に伝わりにくいのです。

慣れないうちは、質問と〝そのココロ〟をセットにするといいでしょう。つまり、なぞかけの「○○とかけまして、○○と解く。そのココロは○○」の、ココロの部分を先に言ってしまうわけです。

「社長の成功とかけまして、子ども時代の○○と解く。そのココロは、どちらも天才でしょう」

こんななぞかけだとしたら、「ぼくはいまの社長を天才だと思ってるんですよ」と、そのココロを明かしてしまう。そのうえで、「社長はどんな子どもだったんですか？」と質問すれば、相手が〝そのココロ〟に見合った話をしてくれるというわけです。

ときどき、相手がいい答えをくれないからと、「感じが悪い人だった」「ぜんぜんしゃべらないんだもんなあ」などと相手のせいにする人がいます。

でも、話してくれないのは、たいていその人が悪いからではありません。質問の仕方が悪いのです。いい質問さえできれば、たいていの人は心を開いて、いろいろな話をしてくれるはずなのです。

## 相手を「わざと怒らせる」のは邪道である

お風呂でいい気持ちになってもらおうとする「お風呂理論」からいえば、人に面と向かって「それ、カツラですか？」などと聞いてはいけないのは当たり前。

これとまったく同じ理由で、年齢や学歴、年収、「結婚しているんですか？」などという質問も失礼です。

これらの質問は、たとえるなら風呂場に盗撮ビデオを仕掛けるようなもの。プライバシー侵害もいいところです。

また、ジャーナリストのなかには、ときどき〝相手を怒らせてナンボ〟な考え方で挑発的な取材やインタビューをする人がいます。

「あなた、先日こう言いましたよね。いま言ってることと違うじゃないですか。えっ、どうなんですか？」

「○○さんが、あなたを信用できないと言っていますよ。反論しないんですか？」

など、わざとお湯の温度を上げて相手をカッとさせ、何か言わせてしまおうとする手法です。

写真週刊誌がよくやる、しつこくつけまわしておいて、相手が「うるせえな！」と怒鳴ったところをパシャっと撮影するやり方と同じ。真似すべきではありません。

そもそも、相手に対する「尊敬と理解」の気持ちがあれば、こんな質問の仕方はできないはずなのです。

## 自分からぶっちゃけてカミングアウト

「ぶっちゃけ、どうなんですか？」

こんなふうに質問しても、人は、そうそう腹を割ってくれるものではありません。相手がぶっちゃけないなら、自分からぶっちゃける。これが近道です。

「もう、聞いてくださいよ。めちゃくちゃ腹が立ってるんです、ぼく」

すると、ほぼ一〇〇パーセントの人が「何かあったんですか？」と聞いてくれます。

「それがですね……」と、ここで興奮ぎみにぶっちゃける。われながらかなり口が悪いなと自覚できるくらいまで話してしまう。ウソはいけませんが、多少は大げさでもいいと思います。

友人どうしの会話でもよくありませんか。「こんなひどい目にあった」「こんな赤っ恥をかいた」と言うと、「オレのほうがもっとひどいよ」と、ちょっと競い合いたくなる気持ち。相手が言うなら、自分だって言いたいという心理。

それと同じです。自分からカミングアウトすれば、相手も「いや、わかるなあ。ぼく

も ね……」と胸の内を話してくれるはずです。

ただし、本気でぶっちゃけなければ信頼してもらえません。「ここまで腹を割ってくれたのか」と思うからこそ、相手も安心して自分のことが話せるのです。計算づくでは、逆に相手に引かれてしまいます。

「ぶっちゃけ=正直」でもあるのです。

業界の話で恐縮ですが、テレビやラジオでの、芸能人や、いわゆる文化人との対談となると、ときおりNG事項を言い渡されることがあります。事務所やスタッフから「ここは聞いてはいけない」「この話題にふれてくれるな」などと事前通告されるのです。とくにいま現在、ワイドショーや週刊誌で騒がれている渦中《かちゅう》の人となると、周囲はピリピリムードです。

ところが、周りが神経質になっているだけで、当の本人はさほどじゃないことが多いのです。こちらが「ぶっちゃけ=正直」態勢でいると、相手のほうから「ほんとうは、これ、言えないんだけど……」などと前置きしつつ、内情を話してくれることもあるのです。

スキャンダルを暴くのは、ぼくの仕事ではありません。だから、話してくれたからといって、それを放送に乗せるわけではありません。

ただ、こういったかたちででも、いったん相手の心のカギが開くと、あとは次々とその人のいろいろな魅力が聞き出せる。〝ぶっちゃけ力〟がものを言うのです。

## 〝そもそも力〟で相手の核心に近づく

「そもそも、なぜこの会社に入ったのですか？」

「そもそも、この作品の発想はどこから生まれたんですか？」

このような「そもそも」で始まる問いは、その後の会話をどんどん広げてくれる、かなり使える質問です。

たとえば、ぼくがだれかから「おちさんは、そもそも、なぜプロデューサーという職業を選んだんですか？」と聞かれたとします。その後のQ＆Aはどんなふうに展開していくか、予測してみましょう。

Q「おちさんは、そもそも、なぜプロデューサーという職業を選んだんですか？」
A「え～、最初のきっかけは、放送作家のオーディションに受かったことで……」
Q「では、そもそも、なぜ放送作家のオーディションを受けたのですか？」
A「映画をつくるのが夢だったので、まずはスクリーンの向こう側の仕事をしようと……」
Q「そもそも、なぜ映画に興味をもったんですか？」
A「十歳のとき、近所の映画館でスピルバーグ監督の『ジョーズ』を見たのがきっかけなんですよ。それで……」

という具合。お気づきのように、なんと「そもそも」だけで、どこまでも会話をつなげていけるのですね。「そもそも」はとても便利な言葉なのです。

以前からぼくは、この〝そもそも力〟を活用しています。人に対してというより、自分で自分に問いかけるとき、この「そもそも」を使うのです。

「そもそも、オレってなんでこの仕事始めたんだっけ？」

すると初心に返って、自分の夢や目標にあらためて気づく。「あ〜、そうだった」と、ブレかけていた自分を立てなおし、もう一度、自分を初期化することができるのです。

つまり、「そもそも」は相手の初期設定を知るためのツールでもあるということ。「そもそも」を使ってどんどん深掘りすれば、相手の核の部分に近づいていけるのです。

第4章

会話が止まった〝間〟に耐えられない。でも、そう感じるのはじつはあなただけかも。質問相手への上手なレスポンスとは？

# 困ったときの「マジっすか？」

［相づち］▶▶▶

## 「わかります」の知ったかぶりは絶対禁物

尊敬する人、あこがれの人、目上の人との会話のなかで、絶対に言ってはいけないのが「わかります」という言葉です。

わかるわけがないからです。

たとえば一国を動かすような仕事をしている、会社という組織を引っ張っている、とてつもなくクリエイティブな何かをつくりあげたなど、いま目の前にいる相手がそこに費やした時間とエネルギーは、ふつうの第三者には想像もつかないほど膨大なものでしょう。

それを一時間かそこら話を聞いただけで、ほんとうに理解できるわけがないのです。

たとえ「たしかに納得した、さすが自分が尊敬する人だけある」という称賛の気持ちをこめたとしても、「わかります」と口にした瞬間、それは尊大になります。

あなたも経験ありませんか？

会議の席などで、自分がずっと温めてきた企画を知ったかぶりの後輩に「言ってることはわかりますよ。でも、それムリなんですよね」などと言われる。

これ、ムカッときませんか?

「だったら、おまえが考えてみろよ」と思いませんか?

要するに、これはデリカシーの問題なのです。

かといって、まったくわからないでは話になりません。せめて「わかる気がします」程度の言い回しにしたいものです。

ぼくがよく使うのは、「ぼく、その〝小さい版〟でわかります」という言葉です。「ぼくの小さな世界にたとえれば……みたいなことですよね」と、身近なところから相手の話の主旨と同じ意味合いをもつネタを引用して、共感する。

同じベクトル上にはあるけれど、自分はあくまでもベクトルのはるか末端で「わかる」にすぎないのですから。

こうした〝小さい版〟という言葉が、相手の心を氷解させるようです。「小さくないよ。同じ、同じ」などとフォローしていただけることもよくあります。

## 相手の沈黙はちっとも怖くない

質問したのに、相手が黙り込んでしまう……。

あれ、怒ってるのかな、バカなこと聞いちゃったかな。ちょっと焦ります。一秒が一分にも感じられる長い時間。その沈黙に耐えきれずに、あわてて次の質問をしようとしたところへ「そうですね……」と相手がしゃべり出す。

自分が質問することばかりに気をとられていると、こんな事態になりがちです。

せっかく相手が誠実にじっくり考えてから答えを出そうとしてくれているのに、これでは台なし。キャッチボールにたとえれば、自分が悪送球をしておいて、相手が必死にそのボールを追いかけているあいだに次のボールを投げつけるようなものですから、非常に失礼な行為でもあります。

「いやあ、気が小さいんで、あの間が怖いんですよね」

そんな人もいるでしょう。

しかし、考えてみてください。そもそも間が怖いのは、自分の問題です。自分が沈黙に耐えられないだけで、相手には関係ないのです。

もしこれが、相手も怖がっているのだとしたら、相手のためになんとかしなければなりません。でも実際は、自分で自分の恐怖心から逃れるために、次の質問を投げつけているだけなのですから、これは、けっこう自己中心的な話なのです。

自分からメールしておいて、すぐに返信がないから不安になって「私のこと嫌いなのかしら」とクヨクヨするのとちょっと似ています。相手にしてみれば「よく考えて明日返信しようとしているのに、勝手に被害者みたいな顔で落ち込まれてもなあ……」ということなのです。

沈黙の間が怖くなくなる秘訣は、徹底的に相手中心の考え方をすることです。

相手の立場になって「この人は、いま一所懸命に考えをまとめているんだ」「自分の気持ちになるべく近い言葉で答えようとしてくれているんだ」と考えてみてください。

どんな長い沈黙もぜんぜんへっちゃら。相手のためにいつまでも待てる人になるはずです。

## 相手のしぐさから「行間」を読み取る

ちょっとした目の動き、手の動かし方、姿勢などから、人は非言語情報を出していま す。よく文章の行間を読めと言いますが、人にも行間があるのです。

たとえば、こちらの質問のなかの、ある一つの言葉に目を輝かせたとすれば、その人がいちばん言いたいのはこの話題かも、と予測できます。姿勢をちょっと崩したときは、リラックスモードで〝ここだけの話〟が始まる前ぶれかもしれません。視線をチラッと外せば「この話はここまで」の合図だったりします。

質問できたこと自体に安心してしまう質問者がよくいます。

一つ質問したら、「あ〜、よかった。聞けた」で満足ぎみ。相手の答えを聞いていないし、反応も見ていない。これでは、次の話題につなげることもできません。

しかも、相手に「話が通じないヤツだ」という印象をもたれ、なんとなくギクシャクしたまま会話が終わりなんてことにもなりがちです。

人の行間を見逃さないようにしたいものです。会った瞬間から最後まで気を抜かず、ゼロコンマ何秒の、ほんの一瞬の情報をキャッチしましょう。

## 相手の話を要約してタイトルをつけてあげる

何を話してもらっても「はい」「はぁ」「へぇ」だけでは、「こいつ、ほんとうにわかってるの？」と相手を不安にさせてしまいます。

「あなたの話を理解していますよ」と伝えるためには、ある程度、能動的なアピールが必要です。相手が語るエピソードに敏感に反応して、「それは、こういうことですよね」と、そこまでの話を要約してあげる。

さらに一歩上をねらって、たんなる要約ではなく「つまり、損して得取れみたいなことですよね」「その戦略は、要するに一人メルトダウン状態ですね」などと、印象的なキーワードでタイトルづけしてあげる。

「そうそう、それ！」

うまいタイトルづけができると、相手がどんどんノッてきます。

「この人は自分の話をちゃんと聞いてくれているな、理解しているな」と喜んでもらえて、ほんとうは話すつもりもなかった話まで飛び出すかもしれません。

「こんなに自分のことをわかってもらえたのははじめて」「いやあ、おちさんの話はおもしろいな」と妙にほめてくれて、でも気づいたら、こちらは二時間のうち五分ほどしかしゃべっていなかった、といった展開もありうるのです。

ただし、ここで的を外したタイトルづけをすると、「いやいや、そうじゃなくて……」と相手に引かれてしまいますので、そこはピシッと当てるよう心がけましょう。

## 「マジっすか?」は魔法の相づち

「えー、ほんとうですか!?」「いやー、驚きました」「スゴイ!」「意外ですねぇ」

驚きを表現する相づちはさまざまです。

なかでも「マジっすか?」は、たったひと言でそれらの驚きすべてを言い表してしまう魔法の言葉。みなさんも日常会話でよく使っているのではないでしょうか。

しかし、さすがにあらたまった席での「マジっすか?」は失礼では?

そうお思いの方もいるでしょう。たしかに一歩間違えると、そのへんにたむろするオニイちゃんになってしまいます。

ここでもまた「尊敬と理解」が重要なポイントです。

ぼくは雲の上の存在のような相手に対しても、「マジっすか?」を使います。使いますというより、思わず出てしまうというのが正直なところです。

前にも書いたように、つねに態度を変えないフラットな自分でいたいと思っています。相手が偉い人だからといって、突然、必要以上にもちあげたり、へりくだったりしたくない。かといって、尊敬する相手に対する礼儀を欠くような言動は絶対にしたくありません。

そんな自分の気持ちにジャストフィットするのが、「マジっすか?」なのです。

「マジっすか?」は、ちょっと〝小僧扱い〟される言葉です。

「バカだねぇ、おまえは」とあきれられつつ、どこか愛される。

とくに、いつもは最上級の敬語でうやうやしい扱いを受けている立場の人や、なんとなく怖がられて敬遠されがちな人からは、かえって新鮮でおもしろがられることもあります。

「マジっすか?」

「おう。マジ、マジ（笑）」

相手もヤンチャな気分でノッてくだされば、会話が弾《はず》むこと間違いなしです。

第5章

ほめ方一つで相手との距離はグッと縮まり、思わぬ本音が聞ける。ツボさえ外さなければ、どんなに大きくほめても嫌味にはなりません。

# とにかく大げさがいい〝ほめツッコミ〟

[ほめる]

## 間接的にほめたほうが、ほんとうっぽく聞こえる

クチコミでモノが売れるのは、その商品が〝ウワサ話〟のかたちで間接的にほめられているからです。売り手の企業が、CMなどで「ここがすばらしい！」と直接アピールするより断然、真実味がある。

人も同じです。

面と向かって直接ほめるより、「〇〇課長が、おまえのこと、頑張ってるって言ってたぞ」と間接的にほめたほうが、ほんとうっぽいと思いませんか。

ほめられたほうも、お世辞と思わず素直に受け止めることができます。

面と向かってほめつつ、この間接的〝ほめ〟の効果を出すには、ちょっとしたワザが必要です。一度向こうの壁に当てておいて、その返りでほめる……のイメージでしょうか。少々、まわりくどいのですが。

もっとも、まわりくどいのがこの間接ワザなのです。

たとえば、美人に「美人ですね」、天才に「天才ですね」では、「またかよ」と思われ

るだけ。せっかくほめても、おべんちゃらに聞こえるし、かえって不快な気分にさせてしまうことすらあります。

では、目の前に美人で頭もいい女性がいたら、どうほめたらいいのでしょう。

「中学生のとき、学年に一人はいたんですよ、あなたみたいな人。きれいなうえに、めちゃくちゃ勉強もできて……」

これなら、かなり間接的です。

「あなたって美人なうえに頭もいい」とストレートにほめれば、「いえいえ、そんな」と謙遜されて、次の展開もなく話は終わり。せっかくのほめ言葉も時間のムダになってしまいます。

でも、この言い方なら悪い気はしないうえに、一般論とも受け取れるので否定もできません。「それはそれで苦労もあるんですよ」などと、そこから話題が広がっていくこともあるのです。

相手が超イケメン男性なら、「もういいでしょ。これ以上、何が欲しいの？」で、笑ってその場が盛り上がる。容姿、才能、財力……何をほめるときでも「間接的に」が基本です。

間接的にほめる応用テクニックとして、〝つぶやきほめ〟〝ためいきほめ〟という手もあります。

たとえば寿司屋のカウンターに座っていて、板前さんに、おいしさをどう伝えれば喜んでもらえるでしょうか。

面と向かって直接「おいしい」と伝えるのが一般的なのでしょうが、それよりも、下を向いてためいきをつきながら、「この寿司、うまいなあ」「こんなおいしいの、いままで食べたことない」と、板前さんにギリギリ聞こえるくらいの声でボソッとつぶやいてみてください。きっと内心、喜んでもらえると思います。

これは職場の会議でも同様で、「そのアイデアおもしろいですね」と面と向かってほめても、相手によっては、お世辞やおべっかのように受け取られることがあります。ここでもボソッと独り言のように「それは思いつかなかった」「やられた」とつぶやいたほうが、相手にとっては、ほめられているリアリティが増すのです。

## 〝ほめツッコミ〟で相手との距離を縮める

「儲けすぎでしょう。日本を買おうとでもしてるんですか？」

たとえば若手社長に対しては、こんな感じでほめてツッコむ。〝ほめツッコミ〟で距離が一気に縮まることがあります。

この場合に気をつけたいのは、とにかくスケールを大きくしてほめること。いまの例でいえば、「日本を買う」だから効くのであって、「隣の敷地を買う」では小さすぎ。スケールが小さいと話が現実的になって、ただのイヤミになってしまいます。

とくにお金の話題は、ドーンと大きく笑えるレベルまで引き上げるのがコツです。

〝ほめツッコミ〟で思わぬ本音が聞けることがあります。

以前、車好きの方に「全部で車、何十台もっているんですか？」とツッコんだところ、「そんなにもってないよ。八台くらいじゃないかな」と、聞いてもいないのに、ほんとうのところを教えてくれたことがありました。

べつに資産調査をしているわけではないので、もちろん、ほんとうの台数を知りたかったわけではありません。ただ、このように上のランクから質問すると、相手の答えを引き出しやすいのは確かなようです。

たとえば、子どものころの生活ぶりも、「かなりのお坊っちゃまだったんですよね？」

「めちゃめちゃお嬢さまって感じですね」などと大げさに聞けば、聞かれたほうは悪い気がしません。

「いや、ぜんぜん違うよ。小さいころは貧乏でさ。六畳に家族五人が……」

などと、リアルな打ち明け話も出る可能性があります。上にもちあげておくと、本人がほんとうのところまでちゃんと下げてくれるのです。

これを、最初から下の設定に落として聞いた場合には、かなり失礼な話になります。

「やっぱり貧乏だったんですか？」

「苦労してきたって感じですね」

これでは、たとえ真実でもムッとします。

人間、落とされると虚勢を張りたくなるものです。「いや、べつにふつうだし」と、もうそこで真実は覆《おお》い隠されてしまいます。

グーグル検索のように、大きなところ、ゆるいところから攻めるのが鉄則です。「課長って次長になりそうな人格ですね」なんていう絞り込みは、「次長止まり」と言っているようなものなのでNG。設定ランクは最上級に。次長じゃなくて、社長と言わなければ相手は喜べません。

## 相手のほめてほしいツボを外さない

「おもしろかった」「楽しかった」「おいしかった」など、漠然としたほめ言葉も嬉しくないわけではありません。しかし、それだけだと、上っ面の社交辞令と受け取られてしまうこともあります。

本心から称賛の気持ちを伝えるなら、何がおもしろかったのか、どこが楽しかったのかなど、何かひと言、具体的な言葉をプラスするといいでしょう。

その場合、きちんと本質をつかまえてほめることが大切です。

たとえば、スープが自慢のラーメンを「このメンマ最高！」とほめても、「えっ、そこ？」とガッカリされるだけ。力を注いでいること、大切にしているもの、頑張っていることなど、相手が「ここに注目してほしい」「わかってほしい」と思っているツボを見つけて、そこをほめなければ意味がないのです。

ケチをつけたり、ダメ出ししたりするのは簡単ですが、ほめるのは意外に難しいものです。日ごろから身の周りの人やモノに関して〝いいところ〟を見つける練習をしておくといいかもしれません。

## 過去ではなく〝いま〟をほめる

ある程度の年齢の人に向かって、「むかしはモテモテだったんでしょ」とか「若いころはさぞ美人だったんでしょうね」などと言う人がいます。

本人はほめたつもり。でも、言われたほうにしてみれば、「じゃあ、いまはどうなんだよ！」と内心ムカッとします。「あっ、いまも十分おきれいですが」などと、あわててフォローしても、あとの祭り。

人は〝いま〟をほめられたい生き物なのです。過去形でほめられても、あまり嬉しくないものです。

たとえば、プロ野球選手を引退して野球解説者になった人に、「二十年前のあのホームラン、すごかったですねぇ。ファンでした」。これも過去形です。

ほめるなら、先に〝いま〟をほめましょう。

「やっぱり〇〇さんの解説だと、試合が一〇〇倍おもしろくなりますね」

いまをきちんと認めたうえで、「そんなすばらしい〇〇さんだからこそ、ここにいたる経歴についてもぜひ知りたい」と二十年前にさかのぼる。

むかしのことをほめるのは、それからです。話の時間軸を現在から過去に戻してからなら、ほめ言葉も自然に受け止めてもらえるはずです。

## つらい過去を聞くときは武勇伝に変える

質問に答えることで、相手がどんどん気持ちよくなっていく。それが、ぼくが考える質問術のコンセプトです。

理想は、相手に上機嫌で帰っていただくこと。最初に会ったときより表情が明るくなって、「君と話したら、元気になったよ」などと言われれば、もう最高です。

「相手の気持ちをアゲるのだから、ネガティブな質問はしないほうがいいですか?」

ときどき、そんなことを聞かれます。結論からいえば、聞いてもいいと思っています。

病気、借金、倒産、リストラ……など、挫折や失敗の経験とその乗り越え方には、その人の性格やものの考え方がよく表れます。人の本質に迫りたいと思ったら、やはり避けては通れない話題です。

ただし、最初からいきなり「闘病生活はつらかったでしょうね」とか「いったいいくら借金したんですか?」などと質問するのは失礼です。

ほめるときのテクニックと同じで、まずは現在の成功話をたっぷり語ってもらうこと。過去のネガティブな話を聞き出すのは、それからです。

「五億円の借金から一発逆転!」

「奇跡の生還! もらった命だと思えば、何が来ても怖くない」

どんな不幸話も、いまの成功につなげれば武勇伝に変わります。あなたの質問によって、相手をサクセスストーリーの主人公にすることができるのです。

## ところどころでボディブローの相づちを

なにしろ相手が九割しゃべってくれる。だから、専門知識がなくても専門家とじっくり話せるのが、ぼくの質問術のいいところです。

基本姿勢は、謙虚に「わからないので、教えてください」。もちろん、これで大丈夫です。ただし、まったく基礎知識もなく、ただ「はぁ」「へぁ」と感心してうなずくだけでは、相手の話に加速度がつきません。

ところどころで、その話題に関する自分なりの見解を述べてみる。

「○○さんの本にはこんなことが書かれていたんですが、これは正しいと思われますか？」など、「ちゃんと勉強もしてるんだぞ！」というところをボディブローのようにかませてみましょう。

要するに「いまの話、きっちり理解してますよ」のサインを出すということです。

「あれ、こいつ、こっち方面もいけるのか」と伝われば、質問に答える喜びが生まれます。「もっと教えてあげよう」「驚かせてやろう」の思いで、いろいろな話をしてくれるはずです。

小難しい話はいりません。前にも話したとおり、綿密な事前調査をする必要もありません。背伸びしない程度のちょっとした知識や情報をフル回転させる。大切なのは、「あなたのお話はおもしろくて、タメになりますね」のサインなのです。

第6章

箇条書きの質問、答えがひと言で終わる質問ばかりでは盛り上がらない。
相手との雑談のなかに「質問の伏線」を張れるような構成力をつけよう。

# 芋づる式に言葉を引き出し「物語」をつくる

［構成力］

## 話が脱線しても逆らわない

一対一の会話は、音楽で言うところのジャムセッション、いわゆる即興演奏会のようなものです。

事前に用意した質問は、言うなれば楽譜でしょうか。最初は楽譜どおりに音を出したとしても、ノッてきたら、相手の出した音や呼吸に反応して、こちらもアドリブを繰り出していく。大切なのは、あくまでもその場の空気。楽譜に記された順番どおり、質問を箇条書きで並び立てることではありません。

「いまの話で思い出したんだけど」

「ちょっと脱線しちゃうけど」

相手がこうきたら、その流れに逆らわない。自由にしゃべりたいだけしゃべらせる。けれども、物語が飛躍しすぎないように、ふたたび楽譜に戻ることも忘れてはいけません。「あれ、何の話だっけ?」などということにならないように、頭のどこかではつねに冷静に楽譜のテーマを記憶しておきましょう。

楽譜に戻すときは、「話がズレたようなので戻します」や「そういうウンチクはさておき」といった、相手を否定するような言い方は決してしないこと。

「いまの話、おもしろいです」といったん肯定したうえで、「その言葉をさっきの○○に当てはめるとどうなるんでしょうか？」など、さりげなく誘導することが大事です。

こうして芋づる式に言葉を引き出して一つの「楽曲＝物語」を紡《つむ》ぐのが、会話の醍醐《だいご》味《み》なのです。

もしかしたら、これだけは絶対に聞きたいと事前に考えていた質問があるかもしれません。ところが話が違う方向に逸《そ》れて、なかなかチャンスがめぐってこない。「今日は失敗だった……」「もう関係ない話でいいや」とがっかりして、頭の中からいつしか渾身《こんしん》の質問が消えてしまう。そこであきらめるのは早すぎます。

これはサッカーと同じ。自分のところにボールがこないと思っていても、ずっとチャンスを待っていれば、不思議と必ず一回は最高のパスがまわってくるものなのです。

必ずどこかで、質問したかった内容に関するキーワードが相手の口から出てきます。そのチャンスを逃さないように気を配っておきましょう。

## 質問のヒントは相手の話のなかにある

会話のジャムセッションを成功させるコツは、相手の話のなかから、次につながるキーワードをすばやく見つけ出して活かすことです。

しかし、これがなかなか難しい。相手がせっかく「ここ、ここ。この話、もっとふくらませてよ」とばかりに何度も口にしている単語があるのに、ぼんやりして聞き逃したり、関係ない話だからいいやと無視してしまったり。

ヘンな話、詐欺師《さぎし》と呼ばれる人たちは、絶対にそんなヘマはしません。とにかく全身全霊、相手の言葉はひと言も聞き漏らさない。そこに、人をだますための武器があるとわかっているからです。

たとえば「オレ、オレ」で、息子になりすました詐欺師の手口はこんな具合。

詐欺師「オレ、オレ」

母親「あっ、タカシ?」

詐欺師「そう、タカシ」
母親「あれ、北海道に旅行中じゃなかったっけ?」
詐欺師「いま北海道にいるんだよ」
母親「(友だちの)タツヤ君もいっしょでしょ? 元気なの?」
詐欺師「それがさ、タツヤがたいへんな事件に巻き込まれちゃって……」

と、これでだまされてお金を振り込んでしまうわけです。母親は愕然《がくぜん》。

「でも、自分の名前を名乗ったし、旅行先も友だちの名前も知ってたんですよ」

冷静にふりかえってみて気づくのです。それらの情報は、すべて母親が自分から先に発信したものだと。

詐欺師は、ただそのキーワードを聞き逃さずオウム返しして、つくり話を組み立てただけ。もちろん詐欺はいけませんが、思うに、彼らは会話を次へとつなげる達人なのです。

さて、それでは話を戻して、いまあなたが、売り上げナンバーワンの営業マンに営業の必勝法を質問したとします。

のっけから相手が「じつは、このあいだ引っ越ししましてね」ときたら、この「引っ越し」の言葉にピンとこなければいけません。

想像の羽をうんと広げれば、じつは、彼は風水に凝《こ》っていて、それに基づいて引っ越しを決めたのかもしれません。すると、風水で営業先も決めているかもしれない。意図的に何度も引っ越して、そのたびにご近所ネットワークをつくって顧客を増やしているのかもしれません。

まあ、実際のところはわかりませんが、いずれにしても、いちばん最初に口にする言葉は、その人の深層心理に引っかかる、何か重要なキーワードである可能性が高いのです。

それなのに、頭の中は「営業必勝法」でいっぱい。だから、関係ないやと聞き流してしまう。

「ああ、それはたいへんでしたでしょう。ところで、営業成績ナンバーワンだそうですが……」などと話の流れをムリに変えてしまう。

もったいないですね。引っ越しというキーワードに食いついてさえいれば、「へえ、風水ですか。そういうの、お好きなんですか？」「いや、それがむかし、こういうことがありまして……」などと打ち明けられて、営業ノウハウだけでなく深い人生観まで聞き出せたかもしれないのですから。

相手が話しているあいだは絶対に気を抜いてはいけません。あなたの質問の武器は、つねに相手の言葉のなかにあるのです。

## アンケートのような質問では盛り上がるわけがない

「最近読んだ本は？」――「村上春樹さんの『1Q84』」
「好きな色は？」――「赤」
「お金持ちになりたいですか？」――「はい」

こんな、まるでアンケートのような質問や「YES」「NO」で答えられる質問ばかりだと、なかなか次につながるキーワードが出てきません。

ところが、そんな質問ばかりしてしまう人が多いのも事実です。

よく「趣味は何ですか？」と聞かれることがあります。

たぶん相手は「釣り」だとか「ゴルフ」「アンティーク収集」など、ワンワードの答えを求めているのでしょう。その意味なら、ぼくに趣味はありません。ただ〝衣食住〟全般にかかわることが好きで、それが趣味といえば趣味なのかもしれません。しかし、それについては、とてもひと言で語れるものではないのです。

多くの人は、そこがなかなか理解できません。ひと言で語れる答えばかりを求めてしまうのです。要するにカテゴライズしたいのです。

たとえば、ぼくがドラマのシナリオを書いたときも、記者の方々の質問は決まってこう。

「このドラマはコメディですか、シリアスものですか？」

「いや、どっちも入ってます」と答えると、「はあ」と不服そう。記事の冒頭に「コメディドラマ、スタート！」などと、わかりやすい見出しをつけたいからです。

しかし、物事、そうすべてがカテゴライズされるはずはありません。

映画『バック・トゥ・ザ・フューチャー』にしても、ＳＦ要素ばかりではなく、コメディ要素も入っていれば、恋愛や家族愛などのヒューマンドラマの要素だって入っているのです。

ましてや、一人の人間となればもっと複雑です。ワンワードや「ＹＥＳ」「ＮＯ」の答えばかりを求める街頭アンケートのような質問では、相手はそれ以上、話す気がなくなります。

とにかく、長く話してもらえる質問をしていきましょう。「一対九」の割合で、九を相手にしゃべってもらうのが目標なのですから。

そのためには、一般的にオープンクエスチョンと呼ばれている質問をぶつけるのがおすすめです。

たとえば、「ずっと東京ですか？」。

オープンクエスチョンとは、答え方やその範囲を限定しない質問のこと。これなら、相手は思いつくまま自由にあれこれ話ができるでしょう。東京生まれでなければ当然、「いえ、〇〇出身で、大学から東京に出てきたんですよ」となりますから、ここで故郷が新たなキーワードとして登場しますし、かりに東京出身だとしても、「東京生まれ、東京育ちなんですけど、一時、親の転勤で○○にいたことがありまして」と、やはり相手の新しい情報が何かしら出てくるものです。

質問を投げかけたら、あとは要所要所で効果的な相づちを打ち、話を盛り上げることもお忘れなく。

## 雑談のなかに質問の伏線を仕込む

映画を見ていて「駄作だなあ、これ」とガッカリするのは、最後にいきなりすごい武器が登場して、敵をダダダッと倒してしまう……といったタイプの作品。

「えー、そんな武器あったの？　なら、最初から使ってよ」と、思わずツッコミたくなってしまう。要するに伏線がないわけです。

伏線とは、のちのシーンのための布石です。物語の始めのころに、たとえば「武器が整然と保管されている地下室」などの場面がさりげなく描かれていれば、後半にそれが登場したとき、観客は「ああ、なるほど。あのときのアレね」と納得できる。

いい映画には、いい伏線が必要なのです。

ぼくはディズニー映画が好きなのですが、「うまいなあ」と思うのは、まさにそこ。ディズニー映画には、どのタイミングで伏線を張り、どのタイミングでそれを解き明かせば観客が楽しめるかについて、しっかりとしたメソッドがあるのです。

会話もディズニー方式でいけたらいいなと思います。

「えっ、おちさん。いつまでも、こんな意味のないくだらない話をしていていいの？」

などと相手を不安にさせておいて、じつはその雑談のなかにいろいろな伏線を張りめぐらせておく。そして終盤になって、ばらまいた伏線をどんどん回収していくのです。

「ああ、あの話ってここにつながってたんだ」

「へえ、さっきの言葉は、このためにあったんだ」

一つ腑《ふ》に落ちるたびに快感と感動！

そんなエンタテインメント要素たっぷりの時間を質問で組み立てていきたいものです。

あらゆる伏線に使えるように、広く浅くでいいので、いろいろな雑学ネタを仕入れておくとよいと思います。

## 「現在→過去→現在→未来」の順で聞く

はじめに、ざっくりとした流れだけでも決めておくと、質問の矢をスムーズに放つことができます。

おすすめは、「現在→過去→現在→未来」の順番で聞いていくこと。映画の構成でよくありますね。たとえば、こんな具合。

▽現在……捕らわれの身となったトム・クルーズ。いったい彼の身に何が起きたのか⁉
↓
▽過去……五日前。大切な恋人を奪われ、悪の組織と戦うトム・クルーズ。
↓
▽現在……ふたたび現在。これまでの経緯が明かされたことで、観客のトム・クルーズに対するシンパシーが一気に高まる。
↓

▽未来……激しいアクションと脱出劇。恋人との再会！　めでたし、めでたし！

時間軸を飛び越えていったん過去に戻ることで、観客の興味を引きつける。「過去→現在→未来」と時系列で淡々と物語が進むよりドラマチックな効果が出せる。

この構成を使えば、わずか四つの質問だけで、あとは相手がしゃべりっぱなし――なんてことも夢ではありません。

▽現在……「この企画の特徴は？」
▽過去……「そもそも、この企画の発想はどこから？」
▽現在……「なるほど。だからいま若者に人気なんですね？」
▽未来……「企画の第二弾は？」

まさに省エネ。質問者はかなりラクできそうです。

この構成の中心は、あくまでも現在です。過去は現在を盛り上げる小道具、そしてまだ見ぬ未来はしょせん空想の話なので、あまり長く時間をとる必要はありません。

## 質問の相手はデジタル派？　アナログ派？

とにかくよくしゃべる人がいます。一つ質問すると、ほうっておいても二十分はしゃべりっぱなし。こちらが口をはさむスキもありません。

「九割相手にしゃべらせるのが目的なんだから、べつにいいじゃないですか」

そうお思いかもしれません。たしかに、みずからしゃべってくれるのは、ありがたいこと。

でも、延々しゃべりっぱなしでハンドリング不可能では、ほんとうに聞きたいことが聞けないまま、時間切れということになりかねません。途中でなんとか話の流れを変えて、主導権を奪回しなければなりません。

流れを変えるのは、そう難しいことではありません。ぼくのこれまでの経験の範囲では、こうしたよくしゃべるタイプの人は、いきなり話題を変えても意外と平気なことが多いのです。

よくしゃべる人は、時計でいえばデジタル派だと考えてください。連続的に時間を表示するアナログ時計と違い、要するに非連続でOKということ。

たとえば映画の話をしていても、途中で「好きな食べ物は？」と聞かれたら、カチッと反応して「オレ、バナナ」なんて答えてくれる。前と後の話題がつながっていなくても気にしないのです。

デジタル派は、ラジオ的ともいえるかもしれません。

ラジオの場合、「はい、じゃあ次のおハガキは……」のひと言で、話題が次から次へと変わっていくことがよくあります。リスナーもそれに慣れていて、途中で話がすっ飛んでも、それはそれで楽しんでくれるのです。

相手がアナログ派の場合、そうはいきません。

映画といえば芸術の秋→秋といえば食欲の秋→食欲といえば好きな食べ物は？

このように、きれいにつながりをつけて聞かないと、なかなか満足してもらえない。

「こんなバラバラな話でいいの？」と、〝話した感〟をもってもらえないのです。

もちろん、よくしゃべる人が全員デジタル派というわけではないし、世の中の人すべてがデジタル派とアナログ派にキッチリ二分されるわけでもありません。

それでも、大ざっぱにでも「この人はどっち派か？」と見極めることが大事。相手に合わせて臨機応変に、質問方法を変えていきましょう。

## 相手の顔色を見て「言葉尻」をとっさに変える

盛り上がる雑談ネタの一つに野球の話があります。

相手が関西人とくれば、やっぱり「ぼく、阪神好きなんですよ〜」の言葉で一気に距離を縮めたいところ。相手がノッてくれれば、「何がいいって、あのユニフォーム！　縦縞《たてじま》ってマジ、カッコいいですよ」くらいのヨイショまでする覚悟です。

ほんとうは阪神ファンじゃない、いや、野球ファンですらなかったとしても、ここはウソも方便。許していただきたいものです。

しかし「ぼく、阪神好き……」まで言ったあたりで、相手の顔が曇《くも》ることがあります。関西人だって、全員が全員、阪神ファンなわけじゃないのです。もしや、地雷を踏んじゃった？

こんなとき、日本語は便利です。動詞が最後にくるので、「阪神好き……」あたりで旗色が悪いと察知したら、「好き……じゃないんですよ～」と、土壇場で言葉尻をムリやり変えることができるからです。

英語なら「I like Tigers.」か「I don't like Tigers.」。はじめから「好き」か「嫌い」かをハッキリ言わなければいけません。それにくらべて、ギリギリまで曖昧《あいまい》さを許してくれる日本語は、なんと包容力豊かなことでしょう。

「へえ。おちさんも阪神嫌いなんですか」

「嫌い、嫌い。六甲おろしって、なんか下品でしょ」

ほかにも、こんなふうに言葉尻を変えることができます。

「○○について聞きたいんです」→「○○について聞……くなんてヤボですよね」

「ぼく、その時計と同じものもってます」→「同じものもって……ないんです。うらやましいなあ」

ときには、質問をしておいて相手がイヤな顔をしたら、「……と似た質問なんですが」と、質問そのものを力ずくで変えてしまうこともあります。

いいかげんだなあ、と思われるかもしれません。でも雑談は、あくまでもその場の雰囲気をよくするためのものです。ヘタに我を通したり、議論にもちこんで苦々しい思いをさせるより、相手に合わせてその場を盛り上げることのほうが大切なのです。

## シビアな質問をするときは必ず「理論武装」しておく

シビアな質問というものがあります。

「あのとき、なぜ引退を表明したんですか？」

「あの事故の原因は何だったんですか？」

そう簡単には答えられない質問、ひょっとしたら相手が怒り出すかもしれない質問。

正直、ドキドキものです。

「なぜ、そんなことを君に答えなきゃいけないんだ？」と、逆に質問される可能性もあります。そんなとき、焦って答えられなかったら困ってしまいます。

シビアな質問をするときは、なぜその質問が必要なのか、事前に自分なりの理論武装をしておくことです。

「～だから、この質問をするのが大切なんだ」

「～だから、ぼくが聞く意味がある」

頭の中できちんと筋道立った理屈をつけておく。すると、実際は逆質問されなかったとしても、それが信念となってあなたを支えてくれるのです。

信念さえあれば、長い沈黙があってもいちいちオドオドすることはない。相手が不機嫌になっても乗り越えられる。どんな局面でも強い気持ちでいられます。

また、信念はわざわざ表明しなくても、なんとなくその人の雰囲気で伝わるもの。たとえ表面的には軽いノリでも、「ああ、コイツは真剣に聞いているな。だったら、こっちも真剣に答えてやろう」と相手も本気になってくれるはずです。

## 終わりよければ、すべてよし

ぼくは結果オーライ主義だと前に書きました。

時間を横軸、話の充実度を縦軸に折れ線グラフをつくったとき、最初の五十五分間はずっと地を這うような低迷ぶりでも、最後の五分でガンとてっぺんまで上がれば、成功だと思っています。グラフの内側を面積に換算したら、中の下レベルでなだらかに上がった場合と、たぶんそう変わらないと思うからです。

要するに、その場その場で「あっ、いま盛り上がった」「いまシラけた」と一喜一憂しなくていい。トータルで収穫さえあれば、最初はグダグダでも、ぜんぜんOKということなのです。

ただし、頭の中にこうしたバーチャルグラフをつねに置いておくことが大切です。

つまり、会話全体を俯瞰《ふかん》する視線です。

「そろそろ残り五分、ここらで一気にいくぞ」

「あっ、最初から〝いい話〟で飛ばしすぎ。ちょっと雑談で息抜きだ」

こういった感じで、相手より少しだけ冷静になって話の流れを見ておくのです。

俯瞰の視線さえもっていれば、結局、最後まで会社のグチで「あれっ、終わり？」なんていう結末を防ぐこともできます。また、どんなに偉い相手であれ、気持ちに余裕をもって会話を楽しむことができるのです。

第7章

# 自白させてしまう「根回し力」

［駆け引き］▶▶▶

どんなに聞きたくても、自分からは切り出しにくい質問もある。
そんな困ったときの工夫と対応力が、成功と失敗を大きく分ける。

## 相手の「イメージ」にとらわれない

ありがたいことに、来日したミュージシャンや俳優、映画監督と対談させていただく機会がよくあります。

彼らが日本に来るのは、ほとんどが新作の宣伝がらみ。新聞、雑誌、テレビなど、短期間で多くのメディアの取材を順番に受けようとしますから、一社あたりに割り振られる時間は、かなり短くなってしまうのが実情です。三十分刻み、ひどいときには十五分しかないといったこともあります。

ただでさえ時間がないのに、運悪く、一日の最後のほうに順番がまわってきたりすると、最悪です。相手は朝から同じ質問ばかりで、すっかりお疲れぎみ。そろそろお腹も減ったし、さっさと終わりにしたい。ワガママな俳優だと、あからさまに不機嫌ですから、そこで質問するのはなかなかの勇気と根性が必要なのです。

あるとき、なんと一八番目に順番がまわってきたことがありました。相手は、ハリウッドの大ベテラン俳優。だれがインタビューしても緊張する大物。

それでも、自分に与えられた三十分を、それまでの一七回とはぜんぜん違う三十分にしたいと思いました。そのためには、その日一七回も聞かれたであろう質問は絶対にしないぞ、の覚悟です。ではいったい何を聞くか？

そのとき、ぼくが考えたのは、周りを凍らす質問をしようということでした。

「おいおい、何を聞いてるんだ、この大物に！」と、スタッフや関係者がビビって冷や汗をかくような質問をしてやろうと思ったのです。

ただし、失礼な質問とは違います。周りがヘンに気をつかって聞けないだけで、当の本人にとっては、じつは聞いてほしいこと、語りたいことがあるんじゃないか。それを聞いてみようと思ったのです。

「どうして俳優になったんですか？」

ぼくは、そう切り出しました。

「うわっ、何を言い出すんだ、コイツ。新作のストーリーを聞けよ。見どころだよ」

たぶん、周りにいた人たちは心の中で叫んだのではないでしょうか。

ところが、七十歳を超えたその名優は、「ほう、それを聞くか」とでも言わんばかりのおもしろそうな表情になりました。そして、俳優の道を志すまでの自分のライフストーリーを、目を輝かせながら語ってくれたのです。

俳優としては遅咲きだったこと、ずっと自分の居場所を探しつづけていたこと……。

それは、三十分が一時間にも二時間にも感じられる感動の物語でした。一八番目ですから、もう夜も更《ふ》けるころです。それでも、最後に彼は立ち上がって、まだ話したそうな顔でぼくを見送ってくれました。

周囲を凍らせても、本人の心は溶かす質問だってあるのです。

孤高のロックスターとか、伝説の大女優、グローバル企業の社長や大富豪など、世の中には、みんなが一つの共通イメージをもつような記号化された存在の人がいます。

みなさんの周りにも、「あの人は怒ると灰皿を投げる」だの「たてついたら左遷される」「私生活は絶対タブー」など、イメージだけが独り歩きしている人がいるのではないでしょうか。

でも、だれもその記号を崩そうとはしません。ほんとうのその人は、そんな記号では語れないほど複雑で魅力的な人物なのに、そこを聞いてみようとする人がいないのです。記号など幻想にすぎないのに。

どんな人と会っても、イメージにとらわれないことが大切だと思っています。

たしかに最初は、ちょっと勇気が必要です。でも、尊敬の気持ちさえもって質問すれば、むやみに怒り出す人などいないのです。そんな幼稚な人なら、そもそも世に出る大物にはなっていません。

「いままでだれも聞いてくれなかったんだよ」

「それを聞いてほしかったんだ」

そんなふうに言ってもらえる質問ができたときは、最高の気分。〝冥利《みようり》に尽きる〟とはまさにこれ。質問経験を積み、あなたにもぜひこの気分を味わってもらえたらいいなと思います。

## 〝なにげの臨戦態勢〟でチャンスをつかむ

何事も必死だと、うまくいかない気がします。

たとえば、仕事で企画を考えなければいけないとき。

「明日までに絶対アイデアを出してみせる」と机の前でグワーッと考え込んでも、何にも浮かんできません。でも、ボケーッと街を歩いているとき、おいしいごはんを食べて「あ〜、幸せ」などと悦《えつ》に入っているとき、ふと、いい考えがひらめいたりするものです。

人と会って質問するときもそう。

「今日はこれを絶対に聞いてやる！」と準備万端、必死の形相でいまかいまかとタイミングをねらったときにかぎって、話の方向がどんどん逸れていったり、聞ける雰囲気ではなかったりします。

要するに、バリバリの臨戦態勢では、イマイチいい効果を生まないのです。

しかし、だからといって何も考えないでただボーッとしていればいいかといえば、それも違います。

いちばんいいのは、しっかりと目的意識は頭の片隅に置きつつ、ふつうにしていること。ぼくに言わせれば〝なにげの臨戦態勢〟でいることなのです。

セレンディピティという言葉があります。科学者が失敗から思わぬ大発見をしたときなどに、よくこの言葉が使われます。「偶然の幸運」と訳してもいいでしょう。

しかし、この偶然の幸運は、何も準備していない人のところにはやってきません。帽子を探そうとしていない人は、たとえ目の前に落ちていても、その帽子を発見できないがごとし、です。

心のどこかに「自分は帽子を探している」と意識していたからこそ、まるで偶然のように、目の前に帽子がふわりと舞い降りてくるのです。

これが、ぼくの考える〝なにげの臨戦態勢〟です。

「今日は、この人にこれを聞いてみたい」と思った質問は、あきらめずに心にとめておきましょう。聞けなかったら仕方がない。でも、聞けたら嬉しいなという感じ。あくまでも〝なにげ〟にです。

そしてチャンスが訪れたら、偶然のような顔をして「たまたまそのお話が出たので、一つ質問なんですが」と、ほんとうに聞きたかったことを聞いてしまいましょう。

結局、幸運は〝なにげ〟に自分で呼び込むものなのです。

## 切り出しにくいキーワードをみずから言わせる

たとえば、あのイチロー選手に「ホームランはねらわないのですか?」と聞きたいとします。いや、でも聞けませんよね、そんなこと。「なにを小学生みたいなことを」と思いっきりバカにされそうです。

まあ、それは極端な例としても、質問者の胸にはその手の葛藤《かっとう》がつねにあります。

「これを聞いてみたい」、でも、いまそんな話の流れじゃないし、言い出しにくい。相手の口から「ホームラン」というキーワードさえ出れば、そこから一気に話をそちらへもっていけるのになあ……。

じつは、言わせるテクニックがあるのです。

ぼくは、それをこれまで何千回も経験した会議の経験から身につけました。

まだ若く、駆け出しの放送作家だったころ、番組の企画会議に出席しても、ぼくには何の決定権もありませんでした。たとえ、どんなにいいアイデアがあったとしても、下っ端のぼくの言うことなど、だれも聞いてはくれない歯がゆい時代。

そのとき、ぼくが実践したのが、キーマンとなるプロデューサーの口から、それと知らずにぼくのアイデアを言ってもらうこと。つまり、ぼくが思いついたアイデアを、あたかもそのプロデューサーが自分で思いついたかのように、勘違いさせて言わせてしまうことだったのです。

クイズ番組でヒントを出すようなものだと考えてみてください。

「ものすごく硬いです」
「キラキラ輝いています」
「それは宝石です」

とくれば、だれだって「ダイヤモンド！」と正解を出しますよね。その要領です。ヒントを出すのはぼく、答えるのはプロデューサー。

サッカーでいえば、ぼくがそのプロデューサーの前に絶妙なセンタリングを何度も上げて、あとはポンと蹴ればゴールできるようにしてあげるイメージです。

なかなか気づいてもらえなくても、何度もヒントを出しつづける。そして、やっとぼくが考えたアイデアを口にしてくれたときは、すかさず「それ、おもしろいですね。さすが！」とフォローする。

何度も書きますが、ぼくは結果オーライ主義なので、まず大切なのはそのアイデアがきちんと企画になって番組が成立することなのです。その大きな目的の前には、だれが考えたかは二の次。もちろん、アイデア勝負の世界なので、だれが、どこを、どう考えたのかは、いずれ明確にしておくべきです。このアイデアは自分が出したけれど、それを会議の場で形にしてくれたのはプロデューサー、といった具合に。

上下関係の厳しい社会では、下の人間が正攻法で「話せば聞いてくれる」と意気込んでも「おまえなんか百年早い」と言われるだけ。まわりくどいやり方のようですが、これもいい意味での根回しのようなものだと思っています。

自分の出したヒントに納得して、答えを出してくれれば、だれも傷つかずに事がスムーズに進むのですから。

さて、質問でキーワードを相手に言ってもらうときにも、このテクニックが役に立ちます。

聞きたいことを聞き出すには、自分がよいセンタリングを上げるしかありません。相手が話してくれないときは、その人が悪いのではなく、自分の出した球が悪いのです。

## 相手が自白したくなる「駆け引き」を

超能力者だったらよかったのに、と思うことがあります。

超能力で人の心が読めるなら、いろいろな人のいいところや過去の体験、すばらしい思考もすべてお見通し。質問などしなくても多くのことを学べるからです。

でも、どんなになりたくても、超能力者にはなれません。

なれないなら、せめてそれに近づく方法はないだろうか。

そう考えて出た結論が、これまでずっと言いつづけてきた「自分はほとんど話さず、相手にしゃべってもらう技術」を身につけることでした。

結局、ぼくが考えるいい質問術とは、相手に告白させること。こちらがパンドラの箱をこじ開けるのではなく、相手に開けてもらうことなのです。

言葉は悪いのですが、自白と言い換えてもいいかもしれません。

犯罪心理学には「囚人のジレンマ」と呼ばれるものがあるそうです。仲間二人を同時に逮捕し、一人ずつ別室で取り調べて「仲間はもう自白したぞ。おまえもしゃべってラクになったらどうだ」とカマをかける。要するに「おまえがやったんだろ」と言わずに、「やりました」と自白させるための駆け引きです。

駆け引きには、「オフクロさんが泣いてるぞ」などと情に訴えたり、「気持ちはわかるよ。つらかっただろう」と共感してホロリとさせるなど、いろいろな方法があります。いずれにしても、人の心理を熟知しているからこそできるワザです。

ぼくたちは刑事じゃないし、もちろん、質問相手は犯罪者じゃありません。けれど、気持ちよく話してもらうためには、ある程度の駆け引きが必要なのは同じです。

駆け引きというと、計算高いとか、ずる賢いといったイメージがあるかもしれませんが、これは交渉術でもあるのです。

相手の失敗談やスキャンダルには「ぼく、べつにいいと思うんですよ。なんで世間はあんなに叩くのかわかりません」と味方になる。いちばん聞きたいことはあえて聞かずに、相手に「あれ、これ聞かなくていいの?」と不安にさせて、自分から言わせてしまうなど、言わせるためにはまず相手の心を動かすことが肝心なのです。

## 「聞きたくないオーラ」の意外な効果

駆け引きしたつもりではなかったのに、「聞いて、聞いて」と相手がしゃべりっぱなしになってしまったことがありました。

それは、失恋報道が出たばかりのある女優さんとの対談でした。

でも、ぼくは芸能記者ではないので、失恋話にはとりたてて興味はありません。だから、その手の話になったとき、聞きたくないオーラ全開。「で、高校生のときの話に戻っていいですか?」と、なんとか話題を変えるのに一所懸命でした。

「えー、ちょっと、聞いてくださいよ〜」

「いや、もういいからその話」

最後には、笑いながらではありますが、ハッキリ拒絶。なのに、不思議なもので「聞きたくない」と言えば言うほど、言いたくなるものなのですね。

なるほどなあ。ぼくはそのとき、聞きたくないオーラの絶大なる効果を知ったのです。

「おちさん、聞いてる?」

「あっ、ゴメン。聞こえなかった」

逃げれば逃げるほど、相手は「聞いて、聞いて」と追いかけてくるのです。

## うまい料理で腹を満たして腹を割る

若手社長たちとの対談を収録した『社長の腹』という単行本は、気鋭の若手社長とぼくとで〝うまい料理で腹を満たしながら、腹を割る〟がコンセプトの対談集です。

やってみてわかったのは、だれかといっしょにおいしいものを食べると、たしかにその相手に腹を割ってもいいような気分になるということでした。

「吊り橋理論」はご存じですか。揺れる吊り橋をいっしょに渡った男女は、恋愛関係になりやすいというもの。人間の認知機能が、緊張感からくるドキドキを恋愛感情のドキドキと勘違いしてしまうからだそうです。

おいしいものを食べたときも、こうした認知の勘違いが起こるのかもしれません。おいしいものを食べた幸せ感が、「この人といっしょで幸せ!」の気分とゴッチャになる。

お互い相手を好ましく思い、会話も自然と盛り上がるのです。

上司やあこがれの先輩に話を聞くときは、会議室や喫茶店ではなく、思いきって食事に誘ってしまいましょう。会社では無愛想な上司の顔も、思わずほころぶかもしれません。

また、いいお店にはプロのスタッフがいます。そんなスタッフと会話をするのも、さらに場を盛り上げるコツです。

「これはどんな素材を使っているんですか?」

「このお料理に合うお酒は何ですか?」

ここでも質問力が大活躍。わからないことは素直に聞いて教えてもらい、そこで得た情報もまた相手との会話のネタになるのです。

接待と聞くだけでプレッシャーに感じてしまう人もいるかもしれません。でも、そこはお店と料理の力を信じましょう。

おもしろいもので、いいお店を紹介した人は、なぜかエラく見えるものです。たんにお店を選んだだけなのに、簡単にアドバンテージがとれてしまうのです。

それに、おいしい店を知っていると、仕事の実力は中レベルでも、それだけで上司の記憶に残ります。「またアイツを呼び出して、メシでも食おう」と、お気に入りリストに入れてもらえる可能性もあります。

おいしい店情報は、あなたのウリになるのです。その日に備えて、ふだんから情報収集に励みたいものです。

## 人の才能をプロデュースするのが質問力

占いをしてもらったことはありますか？

「あなたは独立独歩の精神が強いので、経営者に向いています」

「えっ、ほんとうですか。嬉しい！」

などという会話……。

考えてみれば不思議です。質問とは、相手がどんな人かわからないからするものですが、占い師と客の会話はQ＆Aが逆。お客さんのほうが「私はどんな人なのでしょう？」と質問するのですから。

人は、思いも寄らなかった自分の才能を、だれかに見出してもらうのが好きな生き物なのかもしれません。要するにプロデュースされたいのです。

会話のなかで、そんな願望を満たしてあげること、つまり、その人の別の魅力を引き出すことも、「あなたと話せてよかった」と喜んでもらえる秘訣です。

けれど、占い師でもなければ本職のプロデューサーでもない人から、いきなり「あなたは○○に向いています」などと言われても胡散《うさん》臭いだけ。こちらが断定するのではなく、質問することで、相手が自分で自分の才能に気づいていくプロセスをつくってあげるといいでしょう。たとえば、こんな具合に。

Q「なんで家電製品、買ってきてすぐ使いこなせるの？　〝取説《とりせつ》〟とかパッと見てすぐ理解しちゃうよね？」

A「え、たいしたことないよ。むかしから得意なほうかな」

Q「取説と家電の代わりに、それらをレシピと食材に見立てたら、料理だってすぐにできちゃうんじゃない？」

A「ええ〜、料理なんてやったことないからなあ……。でも、やってみようかな」

そこでさっそくレシピ本と食材を買ってきてキッチンに向かうと、はじめてとは思えない完成度の高い一品が――じつはこれ、ぼくの妻の話です。もともと料理には興味がなかったようなのですが、結婚してから始めて三年、この会話をきっかけにメキメキと上達して、いまでは料理の本を二冊も出しています。

質問に答えることで一つひとつが腑に落ちて、最終的に「な〜んだ、そうだったのか」と気づく瞬間は、本人にとって嬉しい驚きですし、質問した側にとっても喜びです。

人の内側にある、まだ形のないものを形にするのも質問の力。やっぱり、質問ってプロデュースなのですね。

そう考えると、プロデューサーのぼくが〝対談師〟を自分の職業の一つにつけくわえてしまったことに、われながら納得です。

質問力を磨けば磨くほど、まだ世に出ていないおもしろい人や物事を発掘できそうな気がします。

## 「謎だよね」で相手のヨロイを一枚脱がせる

信じられますか？　バブルの時代のころまでは、男は道でまったく知らない女性をナンパしていたんですよ。

「いま何してるの？」「忙しい？」「お茶しない？」「海とか見たくない？」

これで、たったいまはじめて会った女性を、ほんとうにデートに連れ出してしまうこともあったのですから、かつての男は、なんて質問力があったのだろうと感心します。

ナンパの代わりに、現代の主流となったのが合コンです。合コンは、お互いに目的がいっしょなのがわかりきったうえで席に着くもの。努力しなくても、途中まではセットアップされたお見合いのようなものですから、これではなかなか男の質問力は鍛えられません。

たとえば、エレベーターに乗り合わせた女性の同僚を、質問力を使って食事に誘うとします。目的階に着くまでの短時間で、相手の興味を引きつけなければなりません。

あなたなら、まず何を聞きますか？

単純に「今日の夜って、ヒマ？」。

これはダメ。唐突すぎて警戒心をあおるだけ。職場の顔見知りなのに、女性は逆にヨロイをまとってしまい、心を開いてくれなくなります。

この段階で大切なのは、まずはヨロイを一枚脱いでもらうこと。いきなり誘うのではなく、顔見知りから一歩踏み出して〝ちょっとおもしろい人〟くらいにまで格上げしてもらうことです。

ヨロイを脱がせるための決めゼリフの一つに「謎だよね」があります。

使い方はこんな具合。

まずエレベーターに乗り込んで目が合った瞬間、「あれぇ、髪型変えた？」。

これは、相手に「あなたのことを注目していますよ」と知らせるサイン。だから、ほんとうに髪型が変わってなくても問題ありません。なんなら「時計変えた？」でもいい。とにかく、これで会話のきっかけをつかみます。

次に「いつも食事とか、だれと行ってるの？」。

この質問で、あとで食事に誘う伏線を張ります。

「えー、○○さんとか、○○さんかな」

と具体的な友人の名前が出てきたところで、いよいよです。

「へえ、そうなんだあ。○○さん（誘った相手）って、謎だからさ」

そうです。「謎」という言葉で、「どんな人と交友関係があるのかなど、プライベートが見えない人」という、彼女に対するあなたの印象を伝えるのです。

謎＝ミステリアス＝魅力的。

たぶんこの方程式は、多くの女性のイメージのなかにあるのではないでしょうか。

実際、「謎だよね」と言われて嫌がる女性は、ほとんどいません。

「えー、そんなことないよ」

「まあ、たまに言われるかも」

などと笑って、ちょっと気持ちも上がります。これであなたに対する警戒心がほどけて、ヨロイが一枚脱げるのです。

「じゃあ、○○さんと三人でメシでも行かない？　あとでメールする」

これで、食事の約束は成立です。

「謎だよね」の別バージョンとして、「なんか夜八時ごろ、もう寝てそう」という逆のセリフもあります。〝お子さま〟扱いしているようですが、ジョークっぽいので、これも女性にはあまり嫌がられないひと言です。

「私、これでも夜更かし派なんだよ」と反発されても、笑いでおさまるパターンなので安心です。

さて、以上はあくまでも一例です。「謎だよね」の決めゼリフにたどり着くための質問は、相手に合わせてそれぞれ考えてみてください。

## 本人が気づかない「色」を見つけてあげる

では、相手の魅力のどこをどう引き出したらいいのか？

ただやみくもに質問を重ねても、見当ハズレでは聞くだけムダ。人の魅力を引き出す質問術の基本は、まず観察にあります。

人は内側にいろいろな色の絵の具をもっている——これがぼくの持論です。

その人がもっている絵の具のなかで、固くチューブのフタが閉ざされたままで、まだ使われていない色は何なのか……。自分のことは自分ではわからなくても、人のことは意外とすぐにわかるものです。

「あなたのなかの◯色、まだ新品ですよ」

「いや、オレ◯色なんかもってないし、そんな色、オレの色じゃないし」

そこを「ほらね、あるじゃない」と取り出して見せてあげるのが、プロデュース的質問の醍醐味なのです。

かつて、クエンティン・タランティーノ監督が、当時落ち目だったジョン・トラボルタを『パルプ・フィクション』という作品で復活させたことがあります。『サタデー・ナイト・フィーバー』のスーパースターが、悪役という、それまでとはまったく異なる意外な役で、もう一度ハリウッドのA級に戻っていく。その過程はまさにワクワクものでした。

観察眼は一朝一夕で育つものではありません。

まず人を好きになる、興味をもつ。そして、その人のなかにまだ新品の絵の具が必ずあると信じること。そこが始まりです。

その気になって、人を観察するクセをつけてみてください。必ず何か糸口が見えてくるはずです。

第8章

相手の心に残るいい質問は、必ず「ネクスト」の機会を生む。
あなたの可能性を広げるために、さらに知っておきたいこと。

# 質問力を鍛えて「人間力」を上げる

▶▶▶ ［未来］

## 最後の切り札は「臨機応変力」

満員電車には乗りたくない。

毎日決まった時間に起きたくない。

スーツを着たくない。

行列には並びたくない。

子どものころ、将来どんな職業に就くのかまだわからないのに、「やりたくない」ことだけは決めていました。毎日同じことをくりかえすルーティンワークは、なんとなく自分には向かないのではないかと漠然と感じていたのです。

大人になったぼくは、実際、あのころ「やりたくない」と決めたことをやらずにすむ職業に就きました。

違う番組、違う企画、違う現場、違うスタッフ……。そこに好奇心をかきたてられるぼくのような性格の人間は、やはり同じことを積み重ねていく職業に就かなくて正解だったとよく思います。

ところが、そんなぼくが、〝対談師〟という仕事だけは、もう十数年もやりつづけています。

人に会って、質問する。一見するとルーティンとも思える作業ですが、何年やっても決して飽きることがないのですから不思議です。

なぜ質問に飽きないのでしょう。

それはたぶん、ぼくにとって質問は、ディズニーランドのアトラクションのようなものだからだと思います。

ディズニーランドでは、次はあれに乗りたい、もう一回これに乗りたい、あの乗り物もおもしろそう……と心が湧き立ちます。いつも期待と好奇心を抱いているので、何回乗ってもそのたびに新たな発見があります。

質問も発見の連続です。同じ質問でも「おっ、そうきたか」という意外な答えが返ってきたり、逆に相手の答えに刺激されて、考えてもいなかった質問が自分の口から飛び出したり。ワクワク、ドキドキの連続なのです。

この意外性が、何度やっても、おもしろくてやめられない質問の魅力なのだと思います。

しかし、意外性があるからこそ必要とされる能力もあります。

それが「臨機応変力」です。

ここまでの章で、ぼくなりの質問術の基礎から上級編までのノウハウをお話ししてきましたが、人と人とのコミュニケーションの場では、いつもこの本に書いたとおりに事が運ぶわけではありません。

相手の体調や気分によって、昨日だったら答えてくれたかもしれないことを、今日は答えてもらえないことだってあります。一時間の予定できっちり準備していったら、相手が五十分遅れてきて、残り十分しかなくなった……なんてこともあるでしょう。

そんなとき、自分の背骨だけは貫きながら、「だったらこうしよう」「この質問はやめて、こっちを聞こう」と、その場その場で柔軟に対処していけるかどうか。

ベタな言い方をすれば、何が起きてもピンチをチャンスに変えていける心と技術が必要なのです。

「臨機応変力」はどうやったら身につけられるのか。

残念ながら、そんなマニュアルはありません。

とにかく、人に会うこと。たくさん会うこと。そうやって場数を踏んでいくと、あるとき突然「臨機応変」な自分に気づくはずです。はじめて「質問っておもしろいなあ」と心の底から実感できる瞬間だと思います。

## 〝肩書き&ハッタリ文化〟は時代遅れ

プロローグにも書いたように、本書でご紹介してきた質問術の基本姿勢は、フラットな自分でいることです。

相手の肩書きによって態度を変えたり、自分を上に見せようとハッタリをかけたりしても、そこから出る質問には心がこもりません。心のない質問はすぐに見透かされますから、だれも真剣に答えようとはしません。

また、たとえあなたが一流企業に勤めていたとしても、その名刺一枚を印籠《いんろう》のように振りかざせば、だれにでも会えて質問できる時代も終わりました。

最近〝オネエ系〟のタレントさんがテレビでも引っ張りだこだったり、いわゆる〝オカマバー〟に人気があるのは、彼女たちが、だれに対してもフラットだからです。

どんなに名のある社長や政治家が来たからといって、突然、オネエ言葉から男言葉に変えるなど決してない。だれに対しても歯に衣《きぬ》着せず言いたいことを言い、聞きたいことを聞く。彼女たちはいつも〝自分自身〟でいるのです。

フラットな時代には、企業や仕事関係の接待の方法も変わっていくべきだと思っています。

接待したお客さんをやたらチヤホヤする。お客さんが何か言えば、たいしておもしろくもないジョークでも、みんなでいっせいにドッと笑う。社交辞令の雨あられ……。

ぼく自身、ときどき接待していただくことがあるのですが、社交辞令を真に受けて勘違いしないようにしなくてはと、みずからを戒《いまし》めています。

社交辞令で相手を乗せないように心がけたいし、乗らない覚悟も大事。

ですから、おすすめしたいのは、ほうっておいてもほめてくれるような部下や後輩と食事に行くくらいなら、あえて偉い人と行くということです。

偉いとは、決して有名人とか肩書きのある人という意味ではありません。いっしょに時間を過ごすと、緊張して思わず背筋がピンと伸びるような相手。

その緊張感が自分を成長させてくれるのだと思います。

同じように、社交辞令で「今度、飲みに行きましょうよ」などというのも、できればそろそろやめにしたいものです。

ぼくの場合、前にも書いたように〝時間貧乏性〟なこともあって、社交辞令を言っている時間が「もったいない」と思ってしまいます。

ですから「飲みに行きましょうよ」と自分から誘うときは本気だし、誘われたときも本気。「じゃあ、いつにしましょうか？」と目の前で手帳を取り出して、「いや、いつと言われても……」と相手をあわてさせることもよくあります。

対談の仕事をしていると、相手から「今度コンサートに来てください」「来月からお芝居なので、ぜひ見に来てください」などとお誘いを頂戴することもたびたびです。

逆にそんなときは「行きます！」「ぜひ、ぜひ！」などとは即答しないので、ちょっと拍子《ひょうし》抜けされてしまうようです。

「う〜ん、わからないなあ」

「わからないって……。おちさん、冷たいですね」

「だって、スケジュール見てみないと、ほんとうにわからないんだもん」

と、そんな調子。ですが、正直でいるほうが、長い目で見ればいい関係でいられるのではないかと思うのです。

たとえ社交辞令でも「行きます！」と言われれば、人は期待します。期待したぶん、来なかったときのガッカリ度は高くなります。人と人との信頼関係は、そんなところから壊れたりするものです。

ウソ偽りのない、正直で風通しのよい人間関係が望まれる時代です。

ただし、どんな時代になっても、相手に対する尊敬の気持ちが大切なことだけは変わりません。

「オレは人によって態度を変えない人間だから」とばかりに、だれに対してもタメグチでは、コミュニケーションのルールに反することは言うまでもありません。

## 相手とのあいだには「精神のカウンター」を

ルールといえば、コミュニケーションにはもう一つ自分流のルールがあります。

それは、対談相手とは、たとえその場でどんなに盛り上がったとしても、きちんと一線を引くということ。要するに〝なあなあ〟の関係にはならないということです。

たとえば、ある人が、入社以来ずっとあこがれだった上司とはじめて一対一のサシで飲み、夜遅くまで語り合ったとします。

仕事に関していろいろな質問をして、アドバイスももらったし、話の過程で、その上司とは、なんと出身地から出身小学校までいっしょだったこともわかって、すっかり意気投合。

「今度、自宅に遊びに来いよ」

「はい！」

で、「オレも質問術で一歩前進」とばかりに、大満足の時間を過ごしました。

ところが、そんなことが一度あっただけで、彼は上司とすっかりマブダチ気分。その後は「センパ～イ、また行きましょうよ」と、酔っぱらって会社の悪口やグチを言いたい放題。仕事の場でも「ま、あの上司なら許してくれるか」とついつい甘えて、大事な会議に平気で遅れるなどの失態続き……。

これぞ〝なあなあ〟関係の弊害です。

相手とのあいだには、カウンターを置きたいといつも思っています。カウンターとは、お寿司屋さんやバーのカウンターのようなものだと考えてください。

カウンターに座ったとき、あなたとカウンターの向こうにいる板前さんやバーテンダーとのあいだは、近くて遠いと感じませんか？

物理的な距離は近いのですが、あいだにカウンターが存在することで、もてなす側ともてなされる側に歴然とした精神の境界がつくりだされている。

そして、その境界があるからこそ、カウンターの向こう側にいる人たちは、相手がどんなに親しい常連さんでも、敬意と緊張感をもって最高の仕事をすることができる。

ぼくも、そんな質問者でありたいのです。

これまで対談で出会った方のなかには、尊敬する人、大好きな人がたくさんいらっしゃいます。それでも、そんな人たちとぼくは知人どうしであって、友だちどうしでなくてもいいと思っています。

カッコつけるようですが、次にサシで会ったとき、「友だちだから、みなまで言うな」とわかった気になったり、「友だちだから、特別に教えてよ」と甘えたりしたくないからです。

そんなわけで、ぼくの前にはいつも精神のカウンターが横たわっているのです。

## 「最強の個性」は質問する姿勢から生まれる

大震災をきっかけに、「変えなきゃいけないこと」と「変わってはいけないこと」が、ハッキリ見えてきた気がします。

質問術でいえば、一対一のコミュニケーションの大切さは「変わってはいけないこと」だし、自分自身や人間関係は、質問の力でよりよい方向に「変えなきゃいけない」と思います。

あなたは、変われる自信がありますか？

いまの世の中、「赤信号、みんなで渡れば怖くない」とばかりに、ただ、みんなと同じことをしていれば安心といった空気が蔓延《まんえん》しています。

ハズしたくない、間違えたくない、つねに大多数のなかにいたい……。

そんな心理こそが、震災後、風評被害を生み、人々をトイレットペーパーや水の買い占めに走らせた一因だったと思うのです。

たとえば、本を読むのでも「ほんとうは何が読みたいのか？」を自問自答する前に、ベストセラーだから買ってみる。何か商品を選ぶときでも、棚に並んでいるなかから、とりあえず売れていそうなものを選んでしまう……。

危険なのは、そんなことを続けているうちに思考停止状態になり、本来備わっていたはずの直感すらも鈍ってしまうこと。そうなったら、あなたはその他大勢にただ埋もれていくだけです。

だからこそ、質問する姿勢が大切なのです。

当たり前だと思っていたことを疑ってみましょう。

いままでの自分の考え方に疑問を投げかけてみましょう。

発想の転換で、どんどん質問を思いついていってください。それが、これからの時代に間違いなく必要とされる「最強の個性」を生み出す源となるからです。

## その気になれば会いたい人に会える

質問力があれば、会いたい人に自信をもって会えるようにもなります。

あこがれの先輩、尊敬する上司……。それどころか、「この人って、ほんとうにいたんだ！」とびっくりするような、テレビや新聞のなかでしか知らない大物と会って直接、質問をぶつけることも決して夢ではなくなります。

「でも、自分みたいな一介のサラリーマンじゃ、とてもムリ。そんな大物、出会うきっかけすらないですよ」

そんなふうにあきらめている人はいませんか？

そんな常識的な考えもまずは疑ってみるべき。その気さえあれば、あなたがだれであれ、会いたい人には会えるのです。

「スモールワールド＝世間は狭い」理論というものがあります。これは、一一人のツテをたどれば、会いたい人に行き当たるという統計学的な理論のこと。

たとえば、ふつうに考えれば会えないAさんというあこがれの人がいたとします。

Aさんに会うためには、まず街で知らない人に声をかけ「Aさんを知っていますか?知らなければ、知っていそうな人を紹介してください」と頼むのが第一歩。

そこで、「私は知らないけれど、同級生の○○さんが出版社に勤めているから知っているかも」ときたら、次はこの○○さんに会いに行って同じ質問をします。

理論上では、これを一一人くりかえせば、なんとAさんにたどり着くのだそうです。

ここにいたるまでにも、質問力がものを言うのですね。

さて、もう十年以上も前のことになりますが、ぼくがかかわっていた『学校へ行こう!』というテレビ番組のなかで、この理論を実証してみようという企画を出しました。テーマは、「みのもんたさんに会う」こと。実際、番組でやってみたところ、たしか九人で、みのさんの知り合いのところまでたどれたと記憶しています。

あなたさえその気になれば、ほんとうに会いたい人に会えるのです。

もちろん、この理論を即実践しなさいということではありません。ただ、こんな可能性もあることをモチベーションに、チャレンジだけはしてみてほしいのです。

もしかしたら、アメリカ大統領にだって会えちゃうのかもしれませんよ。

人との出会いには、運やチャンスがついてきます。一つの出会いが、あなたの夢を叶え、新しい扉を開くきっかけになることもあります。インターネットを通じて大勢の人とつながっていくのもいいですが、基本はやはり直接、人と会うことです。

毎年、年末年始に、ぼくは〝自分会議〟をしています。

「来年、だれに会おうかな」

「今年は、あの人に会ってみよう」

会議といっても、本などを読みながらぼんやり考えるだけなのですが、たいていそのとき頭に浮かんだことが、そのまま決意となります。

いったん決意すれば、あとは実行あるのみ。その方にお目にかかるのを目標に、その一年、ワクワクしながら頑張れるのです。

みなさんも「会いたい人リスト」を、ぜひいますぐつくってみてください。

## 相手の記憶に残る質問で「ネクスト」を生もう

ビジネスマンなら、入社以来すでにたくさんの人と名刺交換をしたことでしょう。

営業先のお客さま、取引先の企業の人、勉強会で知り合った異業種の人……。

しかし、ただ名刺をばらまいただけでは、そのまま忘れ去られてしまいます。

出会いは、二度目からが本番です。

「○○会社の人とサシで飲みました！　勉強になりました！」

と、一回きりのコミュニケーションで決して満足しないこと。この本で学んだ質問術を活用して、ぜひ記憶に残る人になってください。

あなたはまだ若く、相手に大きな印象を刻みつけることはできないかもしれません。

それでも〝つまずく石〟であればいいのです。「あっ、痛っ！」と、小さな刺激を与えてくれた石のことを、人は案外忘れないものです。

「そういえば、あのとき会った若いヤツ……何て名前だったかな？」

何かをきっかけに、名刺を探したくなるような人。

なぜか気になって「今度、ウチの会議にでも出てみるか」と声がかかる人。

あなたも、質問を駆使して「ネクスト」を生み出しましょう。

エピローグ

# いますぐできる「質問エクササイズ」

「こんなときは、何をどう聞く？」

「相手がこう答えたら、どう返したらいい？」

上手な質問を繰り出すためには、状況に応じて言葉を選ぶ反射神経が必要です。ふだんからトレーニングを積むことで、そうした反射神経を鍛え、本番に備えた〝質問体質〟をつくっておきましょう。

## エクササイズ①「要するに」筋を鍛える

一所懸命に話したのに、まるでトンチンカンな受け答えでは、「コイツ、ほんとうにわかっているのか？」と、質問に答える気がなくなってしまいます。

相手を乗せて、もっと話したくさせるには、相手の話を把握《はあく》する力が必要です。

ちゃんと把握できたかどうかは、「要するに」で話の内容をコンパクトにまとめてみるとわかります。

まず、家族や友だちなどに頼んで、近況でも映画のストーリーでもいいので、何か話してもらいましょう。

その話を聞いたら、「いまの話って、要するにこういうことだよね」とまとめてみる。「まあ、そういうこと」「言ってる意味、ぜんぜん違うよ」など、さまざまな反応があるでしょう。それがあなたの把握力に対する判定です。

つねに頭の中に「要するに」を置き、テレビやラジオで聞いたニュースやコメントなどを、自分の言葉に変換して要約してみましょう。

これをくりかえすことが、「要するに」筋のエクササイズです。

## エクササイズ② 「この人、だれだっけ」筋を鍛える

「うわぁ、久しぶり。お元気ですか？」

街で声をかけられたのはいいけれど、どうしても、その人がだれだったか思い出せない。

「ああ、どうも……」と言ったきり絶句。

そんな気まずい経験はありませんか？

こんなとき、どんな質問をすれば「その人がだれか」を記憶の底から引っ張り出せる

のでしょう。

相手が「久しぶり」と言ったということは、たぶん、ここ一、二カ月は会っていない人だろう。このファッションはどう見ても業界人。では、やはり仕事関係者か？

限られた情報しかないなかで、どんな質問をすれば、相手に失礼にならず、大きなヒントをもらえるのか。

さまざまな角度から有効な質問を考えてみるのが、このエクササイズです。

ぼくの場合、「最近、どっち方面に力を入れてるの？」と聞き、その人に「いまは○○の仕事にかかりきりだよ」と言われて、相手がだれだか知ることができました。

さて、あなたならどんな質問をするのでしょうか。

## エクササイズ③「つぶやき」筋を鍛える

ほめて相手をいい気持ちにさせ、本音を聞き出す技術はすでに書いたとおりです。

しかし、簡単なようで難しいのが、ほめるワザ。ウソやお世辞は、すぐに見抜かれますし、ほめるポイントがズレると、いくらほめたつもりでも相手の心に響きません。

そこで、ツイッターを使って、「ほめ」のエクササイズをしてみましょう。

友だちをほめる、親をほめる、日本をほめる……。

ほめる対象は自由。とにかく一日一回「ほめつぶやき」を発信するのです。

毎日ほめていると、だんだんほめるところがなくなりますが、それでもいろいろな角度から、ほめるポイントを探してください。長く続ければ続けるほど、知らず知らずのあいだにワザが身につくはずです。

また、ツイッターの場合、一四〇文字という制限があります。この制限内できっちりツボを押さえてほめなければならないことも、かなりの負荷。この負荷が、高いエクササイズ効果を生んでくれることでしょう。

## エクササイズ④「相手とサシ」筋を鍛える

たとえばデパートに買い物に行ったとき、目当てのものを自分で探し出し、そのままレジで会計。そのあいだ、ずっと無言……なんてことはありませんか?

とくにコミュニケーションが苦手な人の場合、だれとも面と向かって話さずに買い物をすませてしまいたい願望が強いもの。〝オレに話しかけるなオーラ〟を発して、なんとかその場を切り抜けたりします。

「やっぱりネットショッピングのほうが気がラク」と考える人もいることでしょう。

そこで、あえて販売員さんに声をかけて、「サシ」の筋力を鍛えるエクササイズにチャレンジしてみましょう。

欲しいものは、販売員さんにすべてお願いして探してもらうのです。

「○○売り場はどこですか？」に始まり、「これこれ、こんな感じのジャケットはありますか？」「同じサイズで別の色はありますか？」など、とにかく何でも質問します。

その間、絶対に自分では探さないことが大切。自分は動かず、質問一つで欲しいものをゲットできるかどうか。これが、このエクササイズのポイントなのです。

## エクササイズ⑤「思い入れ」筋を鍛える

これまでくりかえし書いてきたように、ぼくが考えるいい質問術とは、相手になるべく多く語ってもらうこと。そのため質問の数は、少なければ少ないほどいいのです。

一時間の対話なら、せいぜい三個から五個の質問で終わるのが理想でしょうか。アンケートのような一問一答形式になることだけは避けたい。

しかし、だからといって、事前に用意する質問も三個から五個でいいかというと、そうではありません。とにかく脳をフル稼働させて、その何倍もの数の質問を考える。そして本番では、そこからギュッと絞り込んでいくのです。

そこであなたも、質問を考えるエクササイズをしてみてください。

いま、あなたがいちばん会いたい人を一人想定して、その人に対する一〇〇個の質問を考えて書き出してみましょう。

簡単に一〇〇個といいますが、一〇〇個の質問を思いつくためには、その人に対する相当な興味と関心、思い入れが必要です。たくさんの質問が浮かばないようなら、相手に対するあなたの〝会いたい度〟は、まだまだなのかもしれません。

## エクササイズ⑥「推理」筋を鍛える

平日の真っ昼間、公園でのんびり読書などをしている人を見かけて、「あの人、どんな仕事をしているのかなあ？」と気になることがあります。雑踏のなかで眼光鋭い人を見かけて、「もしや私服刑事？」などと想像することも……。好奇心が強いのでしょうか。

まさか面と向かって「職業は？」と聞くわけにもいきません。

世間話をするうちに、その人の職業を当てられたらおもしろいのになあ……。

そう思ったとき、ふとアイデアが浮かんだのが「職業当てゲーム」でした。

ズバリと聞かずに、名探偵のように質問をヒントに推理する。質問は三つまでと限定して、質問の力で、その人の口から職業名を言わせられればアガリ。

「それで？」とか、「その後どうなったんですか？」程度の合いの手は、質問の数には入れません。

ゲームを通じて、少ない質問で多くの情報を引き出す力がアップするはずです。

〝職業を当てられる人〟役をしてくれる練習相手は、友人の友人や、顔見知りだけれどプライベートは知らない行きつけの店の常連さんなどにお願いして、協力してもらうといいでしょう。

## エクササイズ⑦「情報収集」筋を鍛える

質問相手の情報を集めすぎると、知っているつもりになって、質問の幅が狭くなってしまうことがあります。

集めるなら、特定の相手をターゲットにするのではなく、さまざまな分野の情報をインプットしておいたほうが役立ちます。

べつに専門的に探求する必要はありません。〝広く、浅く〟でいいのです。

あなたが「おもしろそう」と読んだ本の話が、たまたま相手からも出て話が弾んだり、テレビでチラッと見たサッカーの試合の話題が、思わぬ方向に発展したり。

どんなことも、いつか必ずどこかで役立ちます。

ですから、日々のエクササイズは、とにかく行動すること。

本を読む、映画を見る、音楽を聴く、ツイッターをやる、散歩する、旅に出る……。

好奇心のおもむくままに動き、体験することこそが最大の情報収集なのです。

おちまさと
1965年東京都生まれ。プロデューサー。87年『天才・たけしの元気が出るテレビ!!』の放送作家オーディションに合格。番組の総合演出だったテリー伊藤氏に師事し放送作家デビュー。『学校へ行こう!』『仕立屋工場』『音楽寅さん』『空飛ぶグータン』など数多くのヒット番組の企画や演出・プロデュースを手がける。さらにWEBサイトやSNSゲームをはじめ企業ブランディングやジャンルを超えたコラボ企画のプロデュース、ファッションからマンションなどさまざまな分野のデザインなど、その活動は多岐にわたる。「対談の名手」として雑誌や書籍のインタビュアーを務めることが多く、またブログやツイッターが高いアクセス数を誇り情報キュレーターとしても信頼度が高い。
単行本のプロデュース兼自著として『企画の教科書』『企画の教科書2 企画火山!』『初対面の教科書』『時間の教科書』(以上、NHK出版)、『小沢一郎総理(仮)への50の質問』(扶桑社)、『「自分プロデュース」術』(PHP文庫)などがある。

公式ブログ http://ameblo.jp/ochimasato/
公式ツイッター http://twitter.com/ochimasato

編集協力――金原みはる

PHP新書

PHP INTERFACE
http://www.php.co.jp/

# 相手に9割しゃべらせる質問術
（PHP新書747）

1対1が苦手なあなたへ

二〇一一年七月二十九日 第一版第一刷
二〇一三年八月 七 日 第一版第十七刷

著者――おちまさと
発行者――小林成彦
発行所――株式会社PHP研究所
東京本部――〒102-8331 千代田区一番町21
新書出版部 ☎03-3239-6298（編集）
普及一部 ☎03-3239-6233（販売）
京都本部――〒601-8411 京都市南区西九条北ノ内町11
組版――アイムデザイン株式会社
装幀者――芦澤泰偉＋児崎雅淑
印刷所
製本所――図書印刷株式会社


ISBN978-4-569-79871-4

# ＰＨＰ新書刊行にあたって

「繁栄を通じて平和と幸福を」（PEACE and HAPPINESS through PROSPERITY）の願いのもと、ＰＨＰ研究所が創設されて今年で五十周年を迎えます。その歩みは、日本人が先の戦争を乗り越え、並々ならぬ努力を続けて、今日の繁栄を築き上げてきた軌跡に重なります。

しかし、平和で豊かな生活を手にした現在、多くの日本人は、自分が何のために生きているのか、どのように生きていきたいのかを、見失いつつあるように思われます。そして、その間にも、日本国内や世界のみならず地球規模での大きな変化が日々生起し、解決すべき問題となって私たちのもとに押し寄せてきます。

このような時代に人生の確かな価値を見出し、生きる喜びに満ちあふれた社会を実現するために、いま何が求められているのでしょうか。それは、先達が培ってきた知恵を紡ぎ直すこと、その上で自分たち一人一人がおかれた現実と進むべき未来について丹念に考えていくこと以外にはありません。

その営みは、単なる知識に終わらない深い思索へ、そしてよく生きるための哲学への旅でもあります。弊所が創設五十周年を迎えましたのを機に、ＰＨＰ新書を創刊し、この新たな旅を読者と共に歩んでいきたいと思っています。多くの読者の共感と支援を心よりお願いいたします。

一九九六年十月

ＰＨＰ研究所